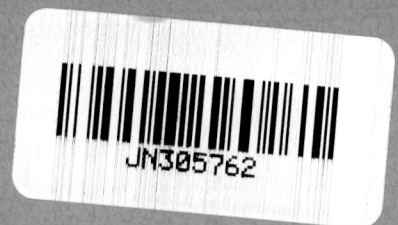

絶景アジア

熊本広志

ツアーで
行ける
100名所

海鳥社

心のリセットしませんか

人生に転機が訪れたとき、私はきまってアジアに旅をする。

目的は撮影かもしれないが、心の扉の奥に眠る何かを呼び起こしたい衝動に駆り立てられる。アジアには、ものや情報が簡単に手に入らず、貧しくてもいつの日かと希望が持てた「昭和の日本」と同じ空気が流れている気がするのです。平成に時代が変わり日本人に元気がなくなり、１億2000万人の片隅に埋没してしまいそうな自分に気が付いたとき、心はきまってアジアに向かっていました。

コンクリートジャングルで時を過ごし、開発に次ぐ開発、捨てる文化、気苦労ばかりの管理社会で日々を過ごし、テレビ・マスコミには殺伐としたニュースが飛び交う。そんな日本を離れアジアを訪れると、目に飛び込むのは人々の屈託のない笑顔。古くてボロボロの服を着て、錆ついた自転車やバイクに乗る。歌いたければ大声で歌い、踊りたければ人目を気にせず公園でダンスや体操を楽しむ。親兄弟を大切にし、寺院で熱心に祈りを捧げる……そんな人たちに接すると、人として原点に戻れる気がするのです。

さて、本題に戻りましょう。忙しい現代人、海外旅行なんて暇も予算もない。言葉も通じないし旅慣れていないから不安だ……だったらツアーに参加しませんか。書店には「○日もあれば海外旅！」「○○で行けちゃう世界一周」なんて夢のような本がたくさん並んでいますが、最初はやっぱりツアーでしょう。語学堪能、旅のエキスパートには物足らないでしょうが、そんな人ばかりではないはずです。しかも、アジア旅は国内旅行よりもむしろリーズナブル、時差も少なく、身体にもお財布にも優しいのです。ツアーに参加して、お気に入りの国、もっと探ってみたい地域があれば、次回はフリープランや滞在型プランで行けばいいのです。

本書は、実際にツアーに参加して撮影した写真を掲載しています。忙しく巡る観光先での想い出を、瞬時に写し取る参考になれば幸いです。

きっと何かが変わるアジア旅――答えを見つけるのはあなた自身です。そんなに気張らずに、リラックス気分で行ってらっしゃい！

熊本 広志

- 旅のコースや費用は、筆者が参加した当時のものです。旅行会社によって異なり、社会状況によっても変わります。
- 国ごとに「旅の採点」を掲載していますが、これはあくまでも筆者の個人的な評価です。また、ホテルのグレードは筆者が参加したツアーの表記にならい、スタンダード（普通）、スーペリア（ワンランク上）、デラックス（上）、スーパーデラックス（特上）の４段階に分けています。追加料金を支払ってホテルのグレードだけを上げることもできます。
- 世界遺産や寺院など撮影禁止の区域も多々あります。ルールを守って、くれぐれも「旅の恥はかき捨て」とならぬよう気をつけましょう。
- 取材及び原稿作成時に、各国の現地添乗員からの情報や「るるぶ」「まっぷる」などの情報誌、各観光局のホームページなども参考にさせていただきました。

心の扉を開いて
アジアに行こう

心のファインダーを覗いて
アジアを撮ろう

目次 Contents

マレーシア Malaysia

タイ Thailand

ベトナム Vietnam

カンボジア Cambodia

中国 China

韓国 South Korea

台湾 Taiwan

香港・マカオ Hong Kong & Macau

Malaysia　マレーシア

クアラルンプール・キャメロンハイランド・イポー・ペナン・パンコール・マラッカ・プトラジャヤ

ロングステイしたくなる旅

2015年９月にロングステイ財団の調査結果が発表され、日本人がロングステイしたい国No.1の座を９年連続で守ったマレーシア。タイやカナダ、オーストラリアをしのぐ人気の理由はツアーに参加するだけで充分理解できる。

マレーシアは多民族国家で信仰の自由が認められている。イスラム教を信仰するマレー系６割と、中国系３割、インド系１割が仲良く暮らしているのである。世界では今も宗教戦争が絶えないが、違う宗派の寺院をお互いに訪ね合うなど、まるで平和のお手本ともいうべき国なのだ。モスク、中国寺院、インド寺院が一列に並ぶような地域もある。そんな国民性からか、人々の屈託のない笑顔に心より癒される。

親日的な国民性で治安も良く、生活水準は日本と大差がないのに物価が日本の３分の１とは驚きだ。

国土は、マレー半島のタイとシンガポールに囲まれた部分と、ボルネオ島北西部からなり、国土面積は日本の９割程度。世界自然遺産のキナバル山や世界文化遺産のマラッカ、ジョージタウンがあり、首都クアラルンプールは高層ビルが立ち並ぶ大都市である。

最近はマスコミへの登場回数も増えてきたが、お隣のタイと比べると日本人にはなぜか知名度がいまひとつといった感が強い。しかし日本との関わりは深く、昔から「ルック・イースト政策」を掲げ、日本をお手本に着実に発展してきた。今では日本からの留学生も多く、「ルック・マレーシア」の状態である。

旅行客に対しても寛大で親切だ。英語もよく通じるため、欧米やオーストラリアからの観光客も大変多い。クアラルンプール、ペナン、キャメロンハイランド、そして第３の都市といわれるイポーには、多くの日本人ロングステイヤーが暮らしている。

６泊８日の旅をとことん満喫し深夜便で帰国、目覚めたのはロングステイの夢のあとだった。

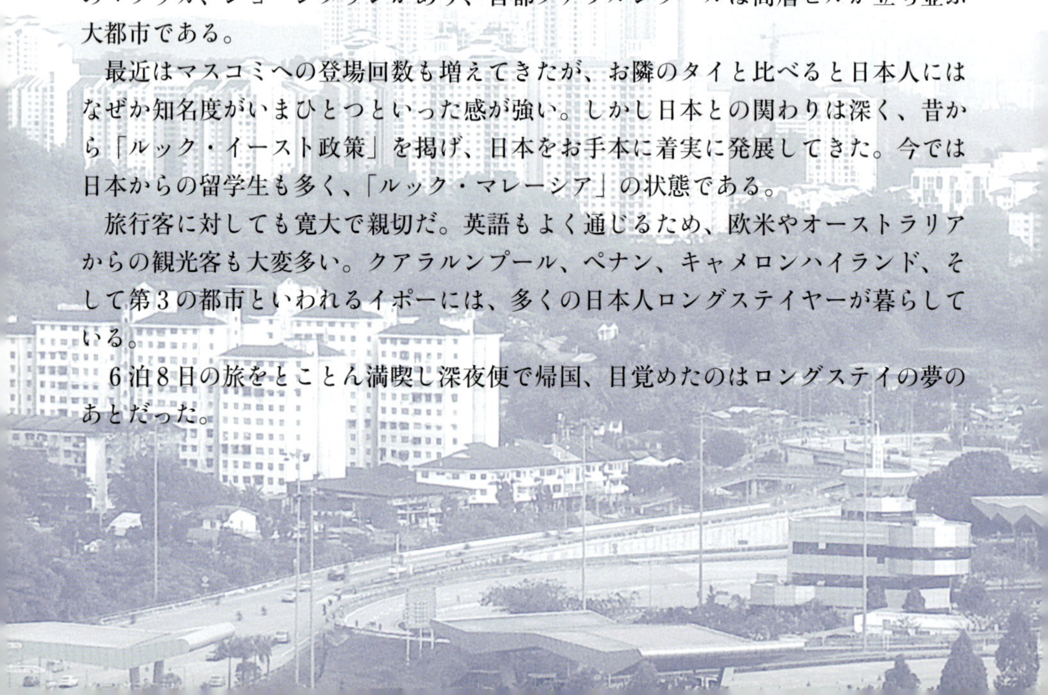

■国情報

国　　名　マレーシア
首　　都　クアラルンプール
通貨とレート　リンギット（RM）　１ RM ＝28円（2016年２月現在）
主な言語　民族ごとにマレー語、中国語、タミール語が使われるが、英語も日常的に使われ通用する
日本との時差　マイナス１時間
気候と旅のベストシーズン
平均気温は26～28℃。日常的に夕方１時間ほどスコールが降り、道路を冷やしてくれる。マレー半島東海岸とボルネオ島は10～３月が雨季、ここに紹介するマレー半島西海岸は５～９月が雨季なので観光は10月から４月までがベスト

■コース内容と費用

１日目	午後	空路、上海乗り継ぎクアラルンプールへ	
	深夜	クアラルンプールのホテル着	［クアラルンプール泊］
２日目	午前	クアラルンプール市内観光──王宮、国立モスク、独立広場、旧連邦政府庁舎	
	午後	バトゥー洞窟観光後バスでキャメロンハイランドへ	［キャメロンハイランド泊］
３日目	午前	キャメロンハイランド観光──紅茶園、朝市、カクタスバレー	
	午後	イポーへ。ウブディアモスクを見学。ペナン大橋を渡ってペナン島へ	［ペナン泊］
４日目	終日	ペナン島観光──ジョージタウン、コーンウォリス砦散策後、オプションでタイ式寺院、観音寺、ペナン博物館、クー・コン・シー散策	
	夜	小船に乗ってクリスマス時期のホタル観賞	［ペナン泊］
５日目	午前	ブキッメラ・レイクタウンから船でオランウータン保護島へ	
	午後	セガリ村のウミガメ保護センター見学。高速船でパンコール・アイランド・ビーチリゾートに向かう	［パンコール島泊］
６日目	終日	パンコール島を散策（オプショナルツアー──無人島でダイビング＆バーベキュー）	
	夕方	高速船でルムへ。バスでクアラルンプールへ	［クアラルンプール泊］
７日目	午前	マレー鉄道で世界遺産マラッカへ	
	午後	マラッカ観光──サンチャゴ砦、セントポール教会、オランダ広場、マラッカ川のリバークルージング	
	夜	プトラジャヤの夜景観賞後、クアラルンプール空港へ深夜便で空路上海へ	［機中泊］
８日目	午前	上海乗り継ぎ日本へ	
	午後	帰国	

■機内食を含む21食付　旅行代金６万9800円＋サーチャージ１万3200円（他空港税、海外旅行保険）

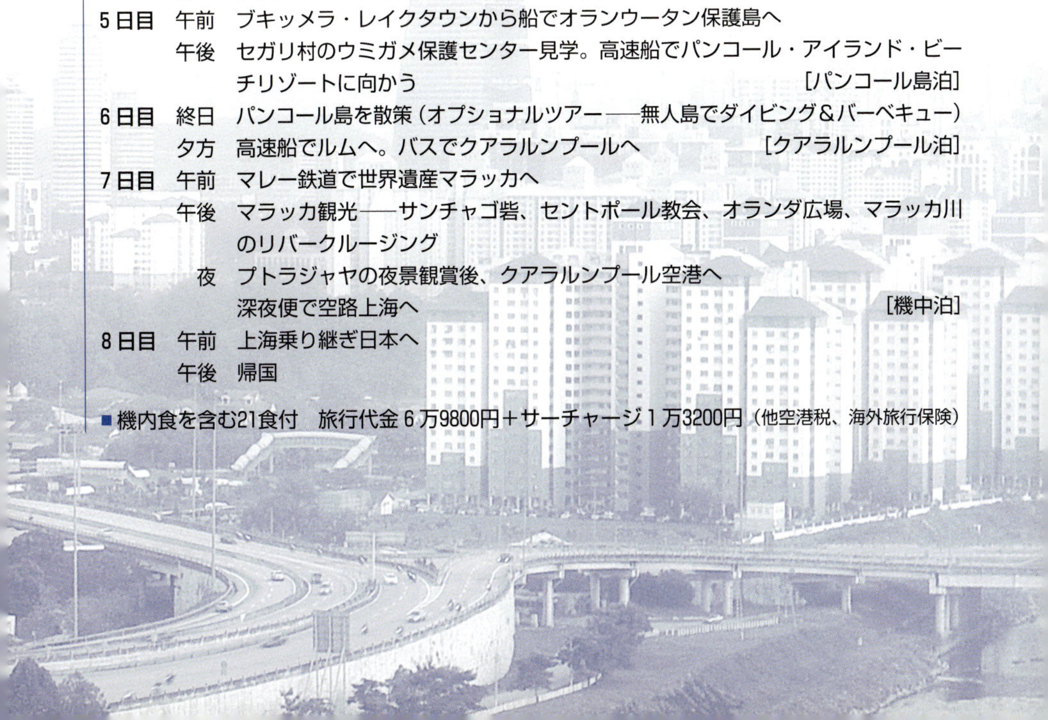

マレー半島南部
マレーシア全図
タイ
ランカウイ
コタ・バル
ワット・チャヤマンカララームと
ダーミカラマ
クー・コン・シー
コーンウォリス砦
スリ・マハ・マリアマン
観音寺
極楽寺
ガーニー・ドライブ
ペナン
ブキッメラ
イポー
キャメロンハイランド
セガリ
パンコール
バトゥ洞窟
クアラルンプール王宮
国立モスク
独立広場
ペトロナス・ツインタワー
クアラルンプール
プトラジャヤ
マレー鉄道
マラッカ
ジョホールバル
インドネシア
シンガポール

■宿泊ホテル

パール・インターナショナル（クアラルンプール）	スタンダードクラス
エクアトリアル・キャメロンハイランド（キャメロンハイランド）	スーペリアクラス
パラダイス・サンディ・ビーチリゾート（ペナン）	スーペリアクラス
パンコール・アイランド・ビーチリゾート（パンコール）	スーペリアクラス

パール・インターナショナルは、インド系のホテルで評価はスタンダードだが、朝食のスパイシーなカレーは特筆ものだった。病み付きになりそうな忘れられない味。

エクアトリアル・キャメロンハイランドは、高原リゾートでとても居心地が良い。館内も美しく、アジアというよりヨーロッパの佇まいだ。

パラダイス・サンディ・ビーチリゾートは、広い室内にミニキッチン付きでロングステイが安くなる、ちょっと気になるホテル。やはり、ここも朝食ブッフェのカレーは最高だった。

パンコール・アイランド・ビーチリゾートは、私的にはデラックスタイプと評価していて、帰りたくなくなるホテルだった。以上、総合評価で星４つとさせていただきます。

(左から）パラダイス・サンディ・ビーチリゾートのキッチン付き客室／パール・インターナショナルのロビー／キャメロンハイランドで見かけたハイビスカス

左頁：パンコール・アイランド・ビーチリゾートのプール／下：パラダイス・サンディ・ビーチリゾートのロビー。12月、暑い国のクリスマス・イルミネーション

■旅の採点

フォトジェニック度	★★★★☆
また行きたい度	★★★★★
ロングステイしたい度	★★★★★
買い物楽しい度	★★★★★
ホテル満足度	★★★★☆

No.
1　クアラルンプール王宮

マレーシア各地のスルタン（州の君主）より
５年ごとに互選される国王の居住地である王宮。
王室行事や晩餐会、レセプションなどが催される。
入口には銃を持つ衛兵が立ち、定期的に衛兵交代式が行われる。
2011年、新築工事を終え王宮が移転。ここで紹介する旧王宮は、
現在、王宮博物館として内部見学可能になっている。

衛兵の前で記念撮影中の観光客

厳重にガードされた美しい王宮

No. 2 国立モスク

イスラムアートが美しい大ホール

高さ73mの光塔

1965年に完成したマレーシア最大級のモスクで、
1日5回の祈りの時間には多くの信者が訪れる。
特徴ある14角形の屋根と高い光塔が、
その存在感を高めている。

優しい表情で観光客にベールを巻いてくれる係員

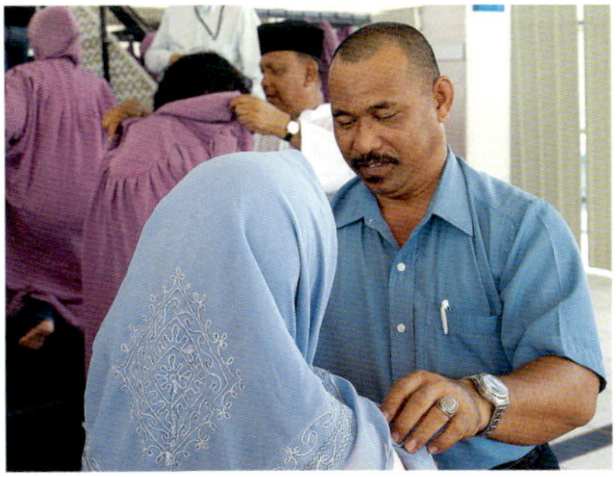

No.
3 独立広場

1957年８月31日、初代大統領トゥンク・アブドール・ラーマンが、
ここでイギリスからの独立を宣言。
世界一といわれる高さ95mの国旗掲揚台に、
誇らしげに赤いストライプのマレーシア国旗が棚引いていた。
広場周辺には、イギリス統治下の名残である西洋建築物が多く、
シャッターチャンスには事欠かない。

1890年代に建てられた旧連邦事務局で、今は最高裁判所となっているスルタン・アブドゥル・サマドビル

日本と韓国の建設会社が建造した
452m、88階建ての世界で一番高いツインタワー。
41階のスペースブリッジには展望スペースが設けられ、
ショッピングモールやコンサートホールを備えるマレーシアのシンボル。
宝石のように輝く姿は、世界一美しいといっても過言でなく
筆者のお気に入り、一押しスポット。

ペトロナス・ツインタワー

No. 4

No.

5　バトゥ洞窟

クアラルンプールから約１時間の郊外にある、
マレーシア唯一のヒンドゥー教の聖地。
１月から２月にかけて大祭「タイプーサム」が
行われ、世界各国から観光客が訪れる。
272段の階段を上り、
高さ30ｍもあるバトゥ洞窟に入ると、
ヒンドゥー教の神々が祀られている。
洞窟への階段横には、
高さ42.7ｍの巨大なムルガン神像が立つ。
今ではすっかり観光コースの定番となり、
ショップも立ち並ぶ。

向かって左奥に高さ20m、ヒンドゥー教の神ハマヌーン神像が立っている。まるでインドのテーマパークのようで、楽しさ満点の不思議空間である

breaktime　ちょっと一休み

ピューターとバティック　マレーシアでは錫（すず）産業が盛んで、100年を超える歴史を持つ工場がある。ピューターとは錫、アンモチン、銅の合金で熱伝導率がとても高く、カップ、食器類から優勝カップに至るまで使用される特産品。筆者もカップを購入したが、冷たいビールなどを注ぐと瞬時に器全体が冷え、より美味しく飲める。伝統文化であるバティック（ろうけつ染め）は、民族衣装や普段着の生地に南国特有のカラフルなデザインが施される。どちらも工場見学の際、併設のショップで市場より安く購入できるのでおすすめだ。

左：天井に吊された美しいバティック
右：工場内でピューター製品製造中の女性

No. 6

キャメロンハイランドの紅茶園と朝市

朝市の様子
左：色とりどりの乾燥フルーツ／右：買い物にやってきたマレーの家族／下：うちの蜂蜜は一番さ！ と自信満々のオーナー

標高1500m以上、年間平均気温20℃と涼しいマレーシアの避暑地で、
紅茶の生産地である。
イギリス統治時代の国土調査官ウィリアム・キャメロンの名をとり
命名された。近年、日本人ロングステイヤーが増え、
コンドミニアムの建設も盛んな、注目の高原リゾート地でもある。
また、高原野菜や果物、花から衣料にいたるまでの露店が建ち並ぶ
キャメロン名物の朝市は地元住民や観光客に人気。
メインのお土産の紅茶はもちろんだが、
おすすめは蜂蜜で、純度100%なのに驚くほど安い。
筆者も数本購入したが、味は最高だった。

ブキッメラ・レイクタウン オランウータン保護島

No. 7

マレー語で「森の人」を意味するオランウータン。
その数は森林開発でかなり減少しているのが現状だ。
マレーシアは積極的にオランウータンの保護活動を行い、
ブキッメラという地区に保護島を設けている。
親に育児放棄された赤ちゃんや
病気のオランウータンを保護し、
ジャングルで生活できるようになるまで面倒を見る。
船着場は観光客が楽しめるショッピングモールとなっている。

左上：船着場のイベント広場。ニシキヘビを見る不安気な目つきが怖い！
右：赤ちゃんはカメラに興味津々

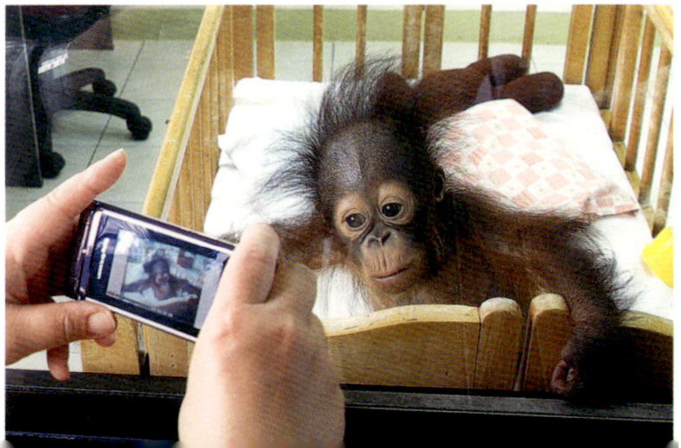

No.

8 ウブディアモスク

屋内も外観に負けず美しい

イポーから１時間ほど、
クアラカンサーという町にあるウブディアモスク。
マレーシアで最も美しいモスクといわれ、
白とゴールドを基調とした色づかいは気品がある。
黄金に輝く姿は、まるでアラビアンナイトの世界。
館内見学も可能だが、
節度ある行動を心がけましょう。

ペナン島ジョージタウン

No. 9

世界文化遺産

歴史あるショップハウスの前に、祈りを終えたマレーの人たちの行列が続く

マラッカ海峡の入口に位置し、イギリスの海峡植民地であったペナン。
2008年、その街並みが評価され、
マラッカとともにマレーシア初の世界文化遺産に認定された。
ジョージタウンという地名は、
統治時代の国王ジョージ４世の名にちなむもの。
街を走れば、イギリス文化の影響を感じさせる
白亜のコロニアル建築を見ることができる。
また、ペナンは「華人の街」といわれ、
１階が店舗、２階が住居のショップハウスに
華僑の人たちの歴史を見ることができる。

1801年にインドのムガール式建築を取り入れて造られたマレーシア最大のモスク「カピタン・クリン・モスク」。カピタン・クリンとは創建者モフディンの尊称である

No. 10

ワット・チャヤマンカララーム（タイ式寺院）とダーミカラマ（ビルマ式寺院）

上：守護神ヤックと猿神モックが門番として立ち、まるでここはお隣のタイ
下左：外光が寝釈迦仏を照らす神々しい瞬間／下右：タイ式寺院で祈る人たち

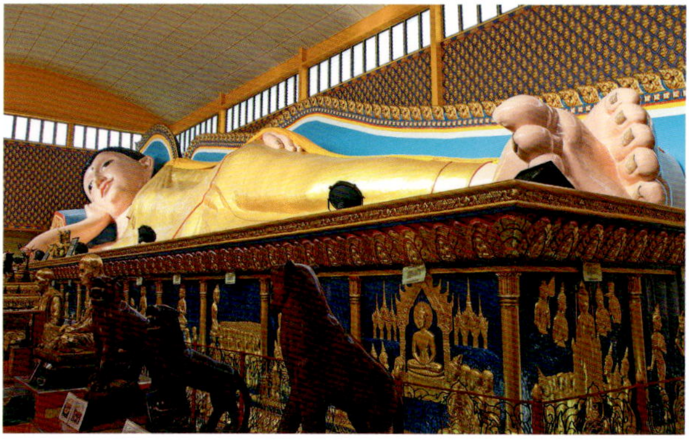

ペナン島には、1958年に建造された
黄金色で飾られた煌びやかなタイ式寺院があり、
全長33m、世界で３番目に大きいという
寝釈迦仏が祀られている。
その向かいにはビルマ（ミャンマー）式寺院が建ち、
高さ10mの黄金の釈迦仏が祀られている。
ペナンには様々な国からの移民が
住んでいたことがうかがえる。

右：黄金に輝くビルマ（ミャンマー）の釈迦仏
下：赤と金色に輝くミャンマー式寺院の入口

No.
11 クー・コン・シー（龍山堂）

ペナン島の路地の奥まった所に建つ、
1800年代に福建省からやってきた富豪クー氏の祖堂。
とても贅沢なお堂だったが火災で焼失、質素なものに建て替えられたという。
しかし内部の豪華絢爛な装飾と彫刻を目の当たりにすると、
焼失前はどれほど豪華だったのかと考えてしまう。

コーンウォリス砦　No. 12

ペナン島の北東部にある砦跡で、
イギリスの東インド会社フランシス・ライト提督が
最初にペナンを訪れた際に建てた。
入場料を支払えば、
外壁や砲台、弾薬庫や要塞跡を見学できる。

今でも轟音を発しそうな巨大な大砲が並んでいる

下：黄金色に輝くクー・コン・シー内部

No.
13 スリ・マハ・マリアマン

青い色彩がとてもインドらしく美しい

ペナン島ジョージタウンで最も古い歴史を持つヒンドゥー教寺院。
38の神々と動物の彫刻が目を引く。
内部見学の際は撮影禁止の場所もあるので注意しよう。

ジョージタウンの白亜の官庁街

トライショー（人力車）が走る。マラッカのそれと比べたら飾りっ気はなくシンプル

観音寺 No. 14

人の背丈ほどはあろうかという巨大線香

1830年に建てられたペナン島最古の中国寺院で、
家内安全、商売繁盛を祈る信者が次々にやってくる。
境内に巨大な線香が立ち並び、
寺院内には天井から吊るされた
丸い線香の煙が立ち込める。

信者の行列は絶えることがなかった

No.
15 極楽寺

道が入り組む敷地内で、筆者も一
行とはぐれ迷子になってしまった

1890年から建設が始まり、完成まで20年の歳月がかかったという
マレーシア最大の仏教寺院。
ペナン島の小高い丘にある広い敷地内は、まるでお寺のワンダーランド。
カラフルな建物や様々な表情の仏像が立ち並び、
展望台からはペナンの町並みを一望できる。
お寺への通り道は露店が立ち並び、完全に観光地化されている。

中国、タイ、ビルマ（ミャンマー）
様式が混在した建造物が建ち並ぶ

何体の仏像があるのだろう

ガーニー・ドライブ No. 16

ガーニー・ドライブの屋台はいつも大盛況

海岸近くに夜遅くまで展開する人気の屋台街「ガーニー・ドライブ」では
リーズナブルにマレーシアの料理を満喫できる。
牡蠣のオムレツやイカのグリル焼きなど、ペナンならではの屋台が無数に並ぶ。
とても一夜限りではすべてを味わえないフード天国。暑い昼間を避け、涼しい夜に
買い物や食事をリーズナブルに楽しむスタイルは理にかなっている。
夜はホテルの部屋に閉じこもる……なんてもったいない！

今晩のおかずはこれ！ と
ばかりに物色中の女性たち

ココナッツをくり抜いた
だけのジュースは最高！

No.

17 パンコール

マレーシアのリゾートはランカウイが有名だが、
ここパンコールは隠れた名所と言っていい。
パンコール島とパンコールラウ島の2つの島からなり、
ラウ島には最高級のパンコール・ラウ・リゾートがある。
パンコール島は東西4.5km、南北に2kmほどでバイクで簡単に一周できる。
宿泊したのはパンコール・アイランド・ビーチリゾート。
258ルームのコテージタイプで、全室プライベートバルコニー付き。
小さな島の広大な敷地内でリゾート気分満喫の1日だった。

上：早朝、バルコニーから猫の鳴き声が、と思ってカーテンを開けたら何と孔雀だった！
中：ダイビングや釣りのオプショナルツアーもあり、アクティビティ充実の島
下：赤い衣装が青いプールに際立ち美しい

2

3

1

4

5

6

[1]絶景２人占めの水中ウォーキング／[2]ビーチを眺めながらの朝食タイムは格別／[3]水上バイクと砂遊び……12月とは思えない夏の風景／[4]パンコールに生息する犀鳥（サイチョウ）／[5]目の前で羽を広げてくれる孔雀／[6]２本のフラッグと青い海のコントラストが美しい

No.
18 マラッカ 世界文化遺産

赤煉瓦の建物が並ぶ
オランダ広場の教会前

1396年頃にスマトラから来たパラメスワラ王がマラッカ国を建国。
ここは香辛料貿易の重要な拠点だった。
1511年にポルトガルが占領し、サンチャゴ砦やセントポール教会を建設。
フランシスコ・ザビエルが、ここを拠点に東アジアへ布教に行った。
その後、オランダ、イギリスの支配を受け、太平洋戦争時は旧日本軍に占領された。
西洋文化に大きな影響を受けた教会や史跡の数々は、
2008年、ペナン島ジョージタウンとともにユネスコ世界遺産に登録され、
今では年間600万人以上が訪れる一大観光都市となっている。

左：セントポール教会とザビエル像。右手がないのは落雷によるものとか／右：プラナカンの女性が着用する「ニョニャ・クバヤ」のショップ

リバー・クルージング

No. 19

2007年から始まった、マラッカ川のリバー・クルージング。
夜景を楽しむナイト・クルーズもある。
地元の学生たちがクルーズ船から見えるように描いた、
建物壁面のアーティスティックな絵画が史跡とともに楽しくドラマチック。
乗船時間は45分ほど、オランダ広場から徒歩５分で乗り場に行ける。

巨大トカゲはマラッカ川の主？　エンジンを止めて岸まで近寄り見せてくれた

佇む男性が絵の世界に迷い込んだように見えて面白い

No. 20 トライショー

公共交通機関が未熟なマラッカの
移動手段に使われているトライショーは、
サイドカー付きの環境に優しい自転車。
特徴は客席の傘や花の派手な飾り。
ラジカセで音楽を鳴らしながら走る姿は
アピール度満点だ。

No. 21 セガリ・タートル・サンクチュアリ（ウミガメ保護センター）

マレーシアは、オランウータンだけでなくウミガメの保護にも力を入れている。
ここでは外敵などにより命を落とすことの多いウミガメの子を
産卵から見守り、海へ旅立たせる活動を行っている。
水槽で泳ぐ小さな子亀たちは、見ていて微笑ましい。

プトラジャヤのプトラモスク　No. 22

帰国寸前に訪れた夜のプトラジャヤ。ライトアップで美しく輝いていた

首都クアラルンプールの南25kmに位置する行政首都プトラジャヤ。
国家プロジェクトとして90年代より開発が進められ、首都機能の一部が移された。
住民は政府機関で働く職員とその家族が多く、ホテル建設も進み急発展。
プトラ湖の畔に建つプトラモスク、通称ピンクモスクは
気品あるピンク色の外観で街の象徴的な存在。
東南アジアで一番高い116mのミナレット（塔）を持ち、
信者2000人を収容できる。

国際コンベンションセンターから見たプトラジャヤの夜景。今回の旅のフィナーレだった

Thailand　タイ

バンコク・アユタヤ

タイは老いも若きも行くべき！

約20年前の1996年、タイ国際航空が若かりし頃のいしだ壱成さんを起用した「タイは若いうちに行け」というキャンペーンが大ヒットした。今でも記憶に残っている人も多いと思う。タイがバックパッカーの聖地であるかのようになり、大勢の若者が旅をした。とかく今でも日本人はタイが好きだ。いや、大好きといっても過言ではないだろう。老若男女が週に何本も組まれたツアーに予約して催行決定となる。お手軽のバンコク・アユタヤやリゾート地プーケットは特に人気がある。

タイは「微笑みの国」。タイで感謝を表現するワイと呼ばれる合掌で「サワディカー」（おはよう、こんにちは、こんばんは）、「コップンカー」（ありがとう）と笑顔の挨拶が返ってくる、おもてなしの国なのである。

歴史的な特徴としては、アジア諸国の中で日本とともに他国の侵略を受けていないことがあげられる。

そして、地理的には海抜が低いため洪水に襲われることが多く、2011年には日本企業にも甚大な被害を及ぼしたことは記憶に新しい。政情も火種を抱えており、デモが多い国でもある。また、街中の至るところに国王や王妃の肖像画、写真が飾られ、国民は絶対的な存在として深い敬意を抱いている。

首都バンコクはタイのみならず、ミャンマー、ラオス、カンボジアを含むインドシナ半島の経済の中心都市であり、世界中から多くの人々がやってくる。

雨季も終わりがけの10月、若いうちに行けなかった３泊５日の旅をした。

■国情報

国　　名　タイ王国（通称・タイ）
首　　都　バンコク
通貨とレート　タイバーツ（B）　1 B ＝3.3円（2016年 2 月現在）
主な言語　タイ語。空港やホテルでは英語も通じる場合が多い
日本との時差　マイナス 2 時間
気候と旅のベストシーズン
乾季の11月から 2 月にかけては降水量が少なくベスト。 3 月から 5 月が最も暑く、 6 月から10月が雨季。年間平均気温は26～30℃

■コース内容と費用

1 日目　午前　タイ航空直行便でバンコクへ
午後　バンコク着
夜　ホテル内のレストランで夕食後、トゥクトゥクでナイトマーケットへ
［バンコク泊］
2 日目　終日　バンコク市内観光――ワット・アルン、ワット・ポー、ワット・プラ・ケオ
夜　タイ古典舞踊とディナーショー　［バンコク泊］
3 日目　午前　バン・パイン離宮
午後　世界遺産アユタヤ観光――ワット・ヤイ・チャイ・モンコン、ワット・プラ・マハタート、ワット・プラ・シー・サンペット、エレファント・ライド（象乗り体験）　［バンコク泊］
4 日目　午前　ダムヌン・サドゥアック水上マーケット
午後　サンプラン・リバーサイド（旧ローズ・ガーデン・リバーサイド）
夜　ナイトマーケット散策の後、空港へ
深夜　直行便で日本へ　［機中泊］
5 日目　午前　帰国

■機内食を含む11食付　旅行代金 4 万9990円＋サーチャージ 1 万5880円（他空港税、海外旅行保険）

バンコク近郊
アユタヤ
バン・パイン離宮
カンチャナブリ
ドンムアン空港
ワット・プラ・ケオ
バンコク
ナコーンパトム
ワット・アルン
ワット・ポー
スワンナプーム
国際空港
ダムヌン・サドゥアック
水上マーケット
タイ全図
アユタヤ
バンコク

アユタヤ
ワット・プラ・メーン
パサック川
アユタヤ駅
ワット・プラ・マハタート
ワット・プラ・シー・サンペット
ワット・プラ・モンコン・ボピット
ワット・ロカヤスタ
ワット・プラ・ラーム
チャオ・サンプラヤー
国立博物館
チャオプラヤー川
アユタヤ歴史公園
ワット・ヤイ・チャイ・モンコン
ウートン通り
日本人町跡
バン・パイン離宮へ

■宿泊ホテル

ザ・ツインタワーズホテル　　スーペリアクラス

　バンコク繁華街まで歩くには遠いので、ホテル前に停車しているトゥクトゥクやタクシーを利用しよう。ホテル周辺は殺風景で小さなコンビニ程度しかなく、ホテルもこれといった特徴がない。しかし、タイスキの有名なレストラン「テンテン」が入店している。また、ナイトマーケットより安い卸し屋さんが一階奥で期間限定の商売をしていてラッキーだったので、星４つとしておきましょう。

（左から）ホテルの広いメインロビー／客室／ホテル内のショップで見つけたトゥクトゥクのミニカー

バンコク一高いビル、バイヨーク・タワー２。17階より上はバイヨークスカイホテル、77階に展望台がある

■旅の採点

フォトジェニック度	★★★★★
また行きたい度	★★★★☆
ロングステイしたい度	★★★☆☆
買い物楽しい度	★★★★★
ホテル満足度	★★★★☆

世界文化遺産アユタヤ地区のワット・ヤイ・チャイ・モンコン（50頁）

No. 23 ワット・アルン（暁の寺）

タイ語で「暁の寺」の意味をもつ大仏塔。創建はアユタヤ朝時代に遡るといわれ、1767年のアユタヤ朝滅亡後にこの地を掌握したタクシンにより修復された。
船着場からチャオプラヤー川を渡って観光する。
夜はライトアップされ、黄金色に輝く。
タイ観光の象徴ともいえる寺院だが、実際に対面すると、対岸からこんなに近いとは思わなかった。

上：ラマ２世の時代に建造された本堂。門番の巨大な青鬼、白鬼が立っている／下：細かい幾何学模様に観光客が埋もれて見えない。間近で見ると色鮮やかな陶器片で飾られていることがわかる

船上から撮影。対岸まで10分もかからなかった

No.
24 ワット・プラ・ケオと王宮

広い敷地内に歴代の王が建造・増改築した宮殿が建ち並び、
地図なしでは把握できない。
王宮の本堂にエメラルド仏（プラ・ケオ）が安置されるが、
王室専用の寺院のため僧侶はいない。
バンコク最大の観光地は、
さすがに世界各国からの観光客でいっぱいだった。

周りを圧倒する存在感があるスリランカ様
式の仏塔プラ・シー・ラタナ・チェディ

(上から) ラマ４世が感銘を受け、
本物そっくりに造らせたアンコール
ワットの模型／現地の衣装を着こな
す外国人観光客は楽しみ方がとても
上手い！／ヤックとモックの前でお
決まりポーズ／大渋滞のバンコク。
名物おまわりさんは大忙し！

No.
25 ワット・ポーの寝釈迦仏

バンコク最大の寺院で、８万㎡もの敷地がある。
別名「涅槃寺」と呼ばれ、全長46mの大寝釈迦仏が横たわる姿はとても有名。
目前にすると、予想以上の大きさでとても神々しい。
アユタヤ時代に創建され、バンコクで最も古い歴史をもつ寺院といわれる。
広い境内にタイ式マッサージの総本山といわれる学校を併設している。

上：大きな足の裏には仏教の宇宙観を表す絵が描かれている／左中：数本の巨大な柱の後ろに横たわる。ベストアングルを探して、超広角レンズで迫った１ショット／左下：仏様の意外な後ろ姿が可愛い

タイ古典舞踊　No. 26

演じる役者たちはなぜか皆ガニ股なのだ

タイツアーの夜の定番、ムエタイやニューハーフショーとともに有名な舞踊ショー。
古典楽器の音色とともに、鮮やかな衣装を身に着けた踊り子たちが演ずるのは
「ラーマキエン」の物語。
古くインドから伝わった「ラーマヤナ」の叙事詩をアユタヤ王国の歴史に重ね再編、
バンコク王朝のラーマ１世が完成させたもの。

女性たちの踊りは手先の形と動きに注目

No.
27 バン・パイン離宮

広い池の周辺に豪華な建築物が並ぶ

アユタヤ県バンパイン郡にある王族の別荘地。
1623年、アユタヤ王朝26代プラサート・トン王によって建てられ、
歴代王の夏の離宮として使われた。
王朝滅亡後に荒廃、ラーマ4世によって再建された
ルネッサンス風の仏教寺院や中国風宮殿が建ち並ぶ。
世界各国からの公式訪問時以外は一般に公開されている。

プラ・ティナン・ウェハート・チャルムーンと呼ばれる中国風建築物。赤や金の装飾が豪華絢爛だ

色鮮やかなブーゲンビリアと白亜の建物に風格が漂う

ワット・プラ・マハタート No.28

世界文化遺産・アユタヤ地区

1384年、アユタヤ王朝3代ボロマラーチャー1世が
仏舎利を納めるために建立した寺院。
1767年にビルマ軍に敗れ崩壊。
現在では瓦礫と土台部分が残り、
切り落とされた仏像の頭にガジュマルが絡みつく。

世界的に有名だが、意外に小さいのには驚いた。
仏像を上から見下ろす撮影はタブー、しゃがんでお願いします。

No.
29 ワット・ヤイ・チャイ・モンコン

世界文化遺産・アユタヤ地区

1357年、アユタヤを建都した初代ウートン王が
セイロン（現スリランカ）に留学中の修行僧たちのために建てた寺院。
アユタヤを象徴する高さ72mのスリランカ様式の大仏塔は、
1592年にビルマ（現ミャンマー）軍を破った
19代ナレスアン王の戦勝を記念して造られた。
屋外に横たわる涅槃仏や、大仏塔を取り囲むオレンジ色の袈裟をまとった仏像、
そして巨大な釈迦仏など、アユタヤ地区でも際立つ存在である。

スリランカ様式の
個性的な大仏塔

右頁：寺院の奥から、
歴史を刻んだ長い階段
を降りてくる僧侶たち

No.
30 ワット・プラ・シー・サンペット

世界文化遺産・アユタヤ地区

初代ウートン王が最初の王宮を建設した地。
1767年のビルマ軍侵攻により崩壊し、
現在では歴代のアユタヤ王の遺骨が納められた
３基の仏塔と瓦礫が残っている。

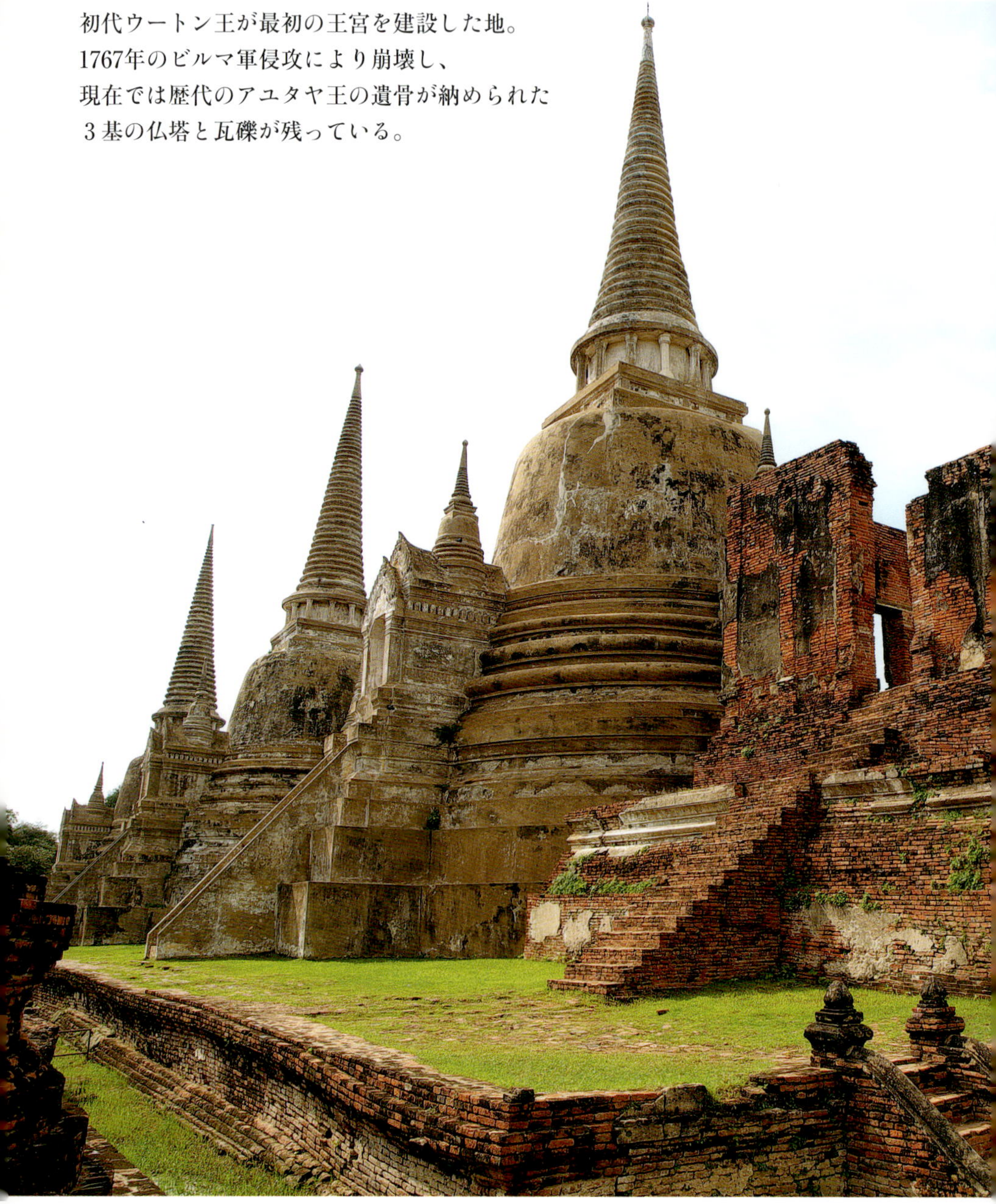

エレファント・ライド

No. 31

世界文化遺産・アユタヤ地区

ワット・プラ・シー・サンペットからほど近い場所に象乗り体験コースがある。
赤いマントと日傘をつけた象の背中の椅子に乗り、スリル満点の揺れと、
2階建てバスから見下ろすような爽快な気分が味わえる。

No. 32
サンプラン・リバーサイド（旧ローズ・ガーデン・リバーサイド）

各国からのツアー客が多く訪れる文化施設。
タイの歴史を紹介する劇、
迫力あるムエタイの試合やバンブーダンス、
象使いの屋外ショーにタイ式マッサージまで、
バラエティー豊かなタイの魅力を体感できる。

左：剣が交差した瞬間に火花が飛び散る！
下：ムエタイの蹴りの応酬に観客も大喜び

No. 33
ダムヌン・サドゥアック水上マーケット

バンコクは、かつて東洋のベニスとも
称された水の都で、
商人たちは小舟に品物を積み、
縦横に延びた運河で商いをしていた。
衰退した水上マーケットを復活させ、
今では観光の目玉となっている。

右：ボートの商人と客が値段交渉する光景はこの名物／下：アジア文化を満喫する観光客

トゥクトゥク 34

アジア各国で走る三輪タクシー。
タイではトゥクトゥクと呼ばれ、日本でも有名だ。
料金がタクシーより高い場合もあるが、そこは交渉次第。
南国の風を受け、震動を感じながら走る気分は爽快だ。
タイのアクション映画「マッハ」には
トゥクトゥクのカーチェイスが登場する。
まさにこの国の名物なのだ。

ナイトマーケット No. 35

タイを訪れたら、眠らぬ夜の街を楽しみたい。
到着初日、トゥクトゥクに乗り、
バンコク市内のパッポン・ナイトマーケットへ。
ここは市内を代表するマーケットで観光客が多く、
料金はやや高めだが、あとは交渉次第。
いかに値切るかはもちろんだが、肝心なのは
コミュニケーションを思いっきり楽しむことだろう。

左：道路沿いのバーは外国人で溢れ、CCRの名曲が流れていた／下：テントの遙か奥まで露天が続く

Vietnam ベトナム

ホーチミン・ミトー・ハロン湾・ハノイ

北と南の主要都市、そして世界遺産の海の絶景を巡る旅

最近、マスコミでは、ベトナムは「雑貨天国」として若い女性が行きたい国の上位にあげらている。しかし、私の世代にとってはアメリカに次ぐ耳慣れた国名なのだ。学生時代に届くのは、大国の代理戦争に巻き込まれた悲惨な戦場のニュースだった。まるで最新兵器のテストのような無差別攻撃、今でも後遺症が残る社会問題である。しかし最後には世界でただ一国、あのアメリカを撃退した国なのだ。ホーチミンシティから北西約70kmにあるクチでは、当時の戦争遺跡を見学することができる。

さて、今のベトナムは人口9000万人、戦後生まれが台頭し平均年齢は何と28歳。勤勉で親日的な国民性から、ベトナムへ進出する日本企業が大変多い。躍進目覚ましい国に降り立つと、肌でその勢いを実感できる。

1000年の歴史をもつ首都ハノイや経済の中心地ホーチミンなどの主要都市、世界文化遺産の古都フエやホイアン、世界自然遺産ハロン湾、国内最大のビーチリゾート、ニャチャンなど観光地には事欠かない。

また、この次に紹介するカンボジアのアンコール遺跡など、近隣国の名所とともに組まれたツアーも多い。筆者はこの2カ国7日間のツアーに参加した。

■国情報

国　　名　ベトナム社会主義共和国（通称・ベトナム）
首　　都　ハノイ
通貨とレート　ベトナムドン（VND）　1万VND＝51円（2016年2月現在）　USドルも使用可
主な言語　ベトナム語。観光地、レストラン、空港では英語も使われ、日本語を話せるスタッフがいる場合もある
日本との時差　マイナス2時間
気候と旅のベストシーズン
雨季は5月から10月なので、乾季である11月から3月の間に旅をしたい。ベトナムは南北に長く、北部ハノイの冬はホーチミンより7～8℃ほど気温が低い

■コース内容と費用（カンボジア・シェムリアップ含む）

1日目	午前	ベトナム航空直行便でホーチミンへ
	午後	ホーチミン市内観光――サイゴン大教会、中央郵便局、ドンコイ通り、ベンタイン市場　［ホーチミン泊］
2日目	午前	メコンデルタの町ミトーへ。メコン川ジャングルクルーズ
	午後	ホーチミン空港よりベトナム航空でカンボジア・シェムリアップ空港へ　［シェムリアップ泊］
3日目	午前	アンコールトム、タ・プローム他アンコール遺跡群
	午後	アンコールワット
	夕方	プレ・ループ夕日観賞
	夜	アプサラダンス・ディナーショー　［シェムリアップ泊］
4日目	早朝	アンコールワット朝日観賞
	午前	バンテアイ・スレイ、バンテアイ・クデイ
	午後	シェムリアップのオールドマーケット散策。ベトナム航空で空路ハノイへ　［ハノイ泊］
5日目	午前	ハノイ市内観光――ホーチミン廟
	午後	ハロン湾の港町ホンガイへ――ロンティエン寺、ホンガイ市場
	夕方	ハロン湾ディナークルーズ――ティエンクン鍾乳洞、水上村
	夜	水上人形劇観賞　［ハロン湾泊］
6日目	午前	バスでハノイへ。ハノイ市内観光――一柱寺、タンロン遺跡、ホアンキエム湖
	午後	バッチャン村
	深夜	ハノイ空港よりベトナム航空直行便で日本へ　［機中泊］
7日目	午前	帰国

■機内食を含む18食付　旅行代金14万9900円＋サーチャージ1万7270円（他空港税、海外旅行保険）

ベトナム全図
中国
一柱寺
ホーチミン廟
タンロン遺跡
ホアンキエム湖とハノイ市街
ハノイ
バッチャン村
ホンガイ
ホンガイ市場
水上人形劇
ハロン湾
ニンビン
海南島
ベトナム
南シナ海
フエ
ダナン
ホイアン
ラオス
タイ
クイニョン
シェムリアップ
カンボジア
ニャチャン
ダラット
プノンペン
クチ
ムイネー
ホーチミン
サイゴン大教会と中央郵便局
ドンコイ通りとベンタイン市場
ミトー
カントー
フーコック島
メコン川ジャングルクルーズと
タイソン島

宿泊ホテル

ラマナサイゴンホテル（ホーチミン）　スーペリアクラス
レイクサイドホテル（ハノイ）　スーペリアクラス
スターシティスォイモホテル（ハロン湾）　スーペリアクラス

　スーペリアクラスといっても、人の評価は様々。ベトナムで宿泊したホテルは可もなく不可もなくで、これといった印象がない。

　ラマナサイゴンホテルは部屋のカーテンを開けたら裏の民家の屋根だった。ただし、ホーチミンの繁華街が近くて散策するにはとても便利。スーパーマーケットにも行けたし結構楽しめた。

　レイクサイドホテルは文字通り目の前が湖。部屋の空調が寒くて、スイッチを切って寝たら、明け方部屋中が結露して大変だった。

　スターシティスォイモホテルは、レストランからハロン湾の奇岩が見え、絶景を味わいながらの清々しい朝食。どこのホテルにも言えることは、名物のフォーがとても美味しかった。

上：（左から）レイクサイドホテルのフォー。パクチーたっぷり！／ハノイのレストランで見かけた鮮やかな植物／レイクサイドホテルの窓から／下左：ホーチミン周辺の下町風景

旅の採点

フォトジェニック度	★★★★★
また行きたい度	★★★★☆
ロングステイしたい度	★★★☆☆
買い物楽しい度	★★★★★
ホテル満足度	★★★☆☆

No. 36

サイゴン大教会（聖母マリア教会）と中央郵便局

教会前の通りでのカップルの撮影風景はここの名物でもある

サイゴン大教会は、フランスの植民地時代、
1863〜80年にかけて建設された
ネオゴシック様式の大聖堂。
教会前のロータリーに大きなマリア像が立ち、
休日のミサの日には大勢の信者で溢れる。
その向かいに建つ中央郵便局は、
1886〜91年、フランス領インドシナ地区の
電信・郵便施設として建設された。
コロニアルスタイルの外観、
アーチ式の天井が美しい観光名所で、
現在も郵便業務を行いながら
お土産売り場にもなっている。

壁面中央にはベトナム建国の父、ホー・チ・ミンの肖像画が掛けられている

ドンコイ通りとベンタイン市場 No. 37

若い女性に人気がある、カラフルで可愛いベトナム雑貨の数々。
日本語が通じる店も多い。
アオザイのテーラーもあり、採寸して帰国日に持ち帰ることも可能だ。
小さな冒険とリーズナブルな買い物を楽しみたければ市場がおすすめ！
料金は交渉次第だが、ベトナムの人たちと触れ合う良い機会と思って楽しもう。

左：日本のテレビで紹介された雑貨店。店員さんが「ニホンノジョユウサンキタ」と自慢していた／右：どこかのんびりしたベンタイン市場の風景。掘り出し物を見つけよう

No. 38 メコン川ジャングルクルーズとタイソン島

メコンデルタ地帯にある都市ミトーでは、手漕ぎボートに乗って水路を渡り、
メコン川へ向かうジャングルクルーズが人気。
メコン川は、チベットを水源に中国、ミャンマー、ラオス、タイ、カンボジアを下り、
ベトナムで終着点を迎える。全長4000kmの大河の風を受けてみよう。
中州にあるタイソン島では、ドラゴンフルーツやリュウガン、パイナップルなどの
果物の試食、ココナッツキャンディ工場見学などが用意されている。

休憩中、アオザイを着た楽団が現れ、演奏と歌が始まる。終わるとチップを要求されるので心の準備を

ホンガイ市場

No. 39

ハロン湾に面した港町ホンガイの市場は
活気に溢れている。
ノンラー（円錐形の帽子）と天秤棒で
農作物を売る女性、
食肉をさばくのも女性、
この国は女性が支えていると思えるほどよく働く。
ハロン湾観光に訪れる外国人や大型バスも多い。
風情ある港町散策をゆっくりと楽しみたい。

ロンティエン寺の入口

活気あるホンガイの風景

No.

40 ハロン湾

世界自然遺産

ハロンは、龍（ロン）が舞い降りる（ハ）という意味。
中国の度重なる侵略に対し、天から龍の親子がやってきて口から宝石を吹き敵を倒し、
宝石は無数の奇岩の島になったという伝説が残る。
中国・桂林と同様の石灰岩台地で「海の桂林」とも呼ばれ、
1500㎢の湾内に2000もの奇岩が聳える。
カトリーヌ・ドヌーブ主演の映画「インドシナ」の舞台になった有名な景勝地である。

クルーズ船上はのんびり
リラックスムード

水上村ののどかな風景。遠出の散歩に行けないワンちゃんは退屈そうにお昼寝

上：ハロン湾に夕日が沈み、漁師たちの１日も終わる
下：クルーズの途中に上陸したティエンクン鍾乳洞の天然アート

No.
41 水上人形劇

11世紀頃からベトナム北部の農村地帯で行われていた伝統芸能で、
1990年代に入り観光資源としてハノイやホーチミンの劇場で演じられている。
筆者が観劇したのはハロン湾のホテル近辺の劇場だった。
その技術は部外秘とされてきたが、伝統文化保護の観点から国の研究所が設けられ、
海外公演も積極的に行われるようになった。

左：コミカルで可愛い人形の動きにはそれぞれのストーリーがある／右；音楽は劇団による生演奏

No.
42 一柱寺

ベトナムで最も独創的な建造物として、
歴史建築美術遺跡に認定された寺。
その昔、蓮の上に座す観世音の夢を見た
皇帝の命により建てられたという。
蓮池に浮かぶ１本の柱の上に、
蓮の花に見立てた３m四方の寺が建つ。
正月や満月の日に大勢の信者が参拝する。

No. 43

ホーチミン廟

1969年に生涯を終えたベトナム建国の父ホー・チ・ミンの遺体が永久保存されている。
植民地時代からベトナム戦争に至るまでのベトナム革命を指導。
市民からホーおじさんと慕われ、没後の1975年にこの廟が完成した。
施設は兵士が厳重にガード、入口で手荷物を預け入場し、
撮影や私語、立ち止まることも禁止。
しかし、兵士の横で眠る姿に遭遇したときは、言い知れぬ感動を覚えた。

整列して入場する地元の子供たち

No.
44 タンロン遺跡

世界文化遺産

タンロン（昇龍）とはハノイの旧称である。
1010年から1804年まで歴代の王朝がここに都を置いたため、各時代の遺跡がここに残っており、2010年に世界文化遺産に認定された。
ハノイ市街から徒歩10分ほどの場所だが、植民地時代からベトナム戦争に至るまで長く軍事司令部が置かれ、見学を許されなかった遺跡である。

戦闘機が保管されている広場

タンロン遺跡内で最も古いといわれる龍の手すり

ホアンキエム湖とハノイ市街

No. 45

ハノイ市民や観光客のデートスポットとしてマスコミにもよく登場する。
その昔、支配していた明を追い払った剣を大亀が守護しているとの伝説から
湖の中央にはカメの塔が祀られている。
実際に200kgクラスの大亀が保護されたこともあるそうだ。

ベトナムらしいアオザイ
ショップを車窓から撮影

路地裏に入ればベトナムらしい風景が見えてくる

No.
46 バッチャン村

日本でもよく見かける、
ベトナムを代表する陶器バッチャン焼き。
産地バッチャン村はハノイ市街から
車で40分程度ののどかな場所にある。
もともとレンガづくりが盛んな地区で、
15世紀頃から陶器づくりが始まった。
人口約5000人の小さな村だが、
9割が陶器づくりに従事している。
近年、観光客の増加で
工場への道沿いには店が軒を連ね、
大小様々な種類の陶器が山積み販売されている。

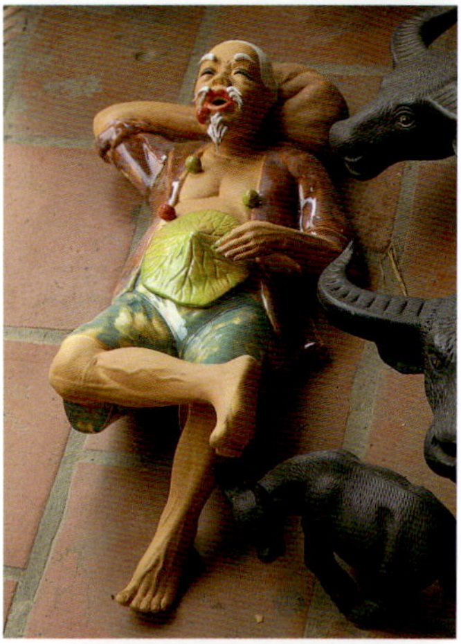

上：絵付けの作業中／中：妙にリアルな焼き物／下：バッチャン焼きといえば、このトンボ柄

上：カラフルな焼き物の数々／下：近くで遊んでいた「戦争を知らない子供たち」

ペンシルビル

No. 47

ペンシルビルとは、狭い土地を有効活用した、文字通り鉛筆のようなビルディング。
日本の大都市でも見かけるが、避難路が狭くなるため、
特に地震の多い東京では一抹の不安を覚える。
ベトナムでは都市だけでなく、なぜか地方にも多い。
地震はほとんどないとか……
まあそんな心配はおいておき、カラフルな鉛筆コレクションでも楽しみましょう。

No.
48 バイク！バイク！バイク！

ベトナムはアジアでも有数のバイク大国。
２人に１人がバイク所有者というから驚きだ。
バッタの大群のように押し寄せてくるその迫力は、圧倒されてしまうほど凄まじい。
バイクがこれほど増えた原因は、関税が高いうえに、
政府が渋滞を危惧して車に高い手数料を上乗せしたことで
車の価格が日本の２～３倍という高嶺の花になったためともいわれている。

1

2

1 ３人、４人乗りは当たり前。ガソリンスタンドは大渋滞！／2国民、皆暴走族？／3ホーチミン市内。赤信号１分ほどで奥まで道を埋め尽くすバイクの群れ／4片手運転も簡単なのです／5人も荷物も積載オーバー！／6新聞読んだり弁当食べたり……器用なベトナム人／7何でも積めるんです！／8ハノイ市街の交差点付近。通勤通学の時間帯は遙か彼方までバイクの洪水状態

Cambodia カンボジア

シェムリアップ

千年の時の流れに飛び込んでみよう

カンボジアのシェムリアップという小さな村が世界に名を轟かせたのは、1860年にフランスの探検家が発見したジャングル奥地の遺跡がきっかけだった。9世紀から15世紀にわたって発展したアンコール王朝は、衰退後に発見されるまで長い眠りについていた。つい最近までの長く閉ざされた内戦時代、要塞に都合がいいと反政府組織クメール・ルージュに占拠された時期もあったが、現在は日本を含む世界各国の協力のもと遺跡修復作業が続けられている。その貴重な文明遺産をこの目で見ずにはいられない。アンコール遺跡といえば、万里の長城に匹敵する、世界でも３本の指に入る世界遺産だと思う。

遺跡群を要領よく見学するなら５日程度のツアーがお手頃だが、近隣の東南アジア諸国、特にベトナムとともに組まれた２国を楽しむツアーは人気がある。

生涯に一度は訪れ、その圧倒的な存在感をぜひ体感してほしい。

■国情報

国　　名　カンボジア王国（通称・カンボジア）
首　　都　プノンペン
通貨とレート　カンボジアリエル（KHR）　100KHR＝2.8円（2016年２月現在）　USドルも使用可
主な言語　クメール語
日本との時差　マイナス２時間
気候と旅のベストシーズン
熱帯モンスーン気候なので５～10月の雨季はなるべく避け、湿気も少ない11月から２月くらいがベスト（筆者は最も暑いといわれる４月に旅をして、身体中の水分が抜け落ちそうだった！）
注意点　ビザが必ず必要（１旅行期間内に１度だけ出入国可）

■コース内容と費用（57頁参照）

カンボジア全図
ダナン
タイ
ラオス
メコン川
アンコール遺跡
シェムリアップ
バッタンバン
カンボジア
ニャチャン
プノンペン
ホーチミン
シアヌークビル
ミトー
フーコック島

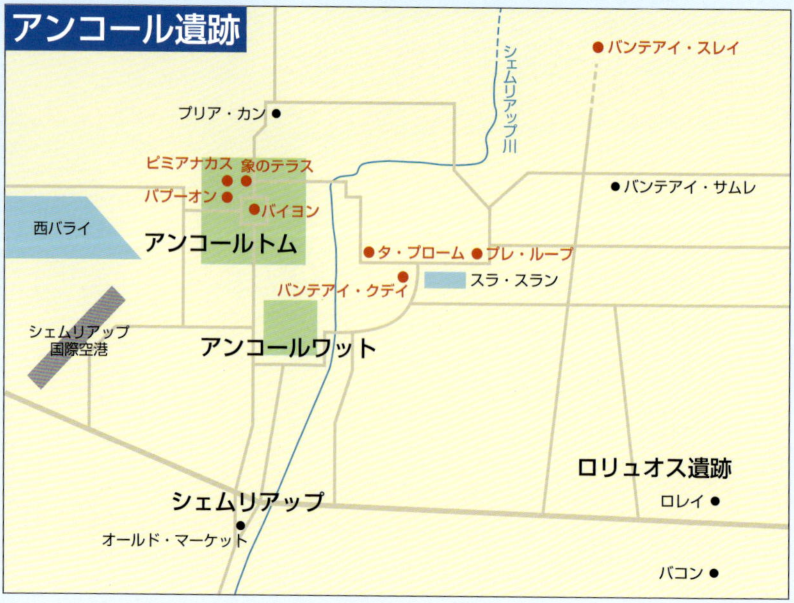
アンコール遺跡
シェムリアップ川
バンテアイ・スレイ
プリア・カン
ピミアナカス
象のテラス
バプーオン
バイヨン
バンテアイ・サムレ
西バライ
アンコールトム
タ・プローム
プレ・ループ
スラ・スラン
バンテアイ・クデイ
シェムリアップ
国際空港
アンコールワット
ロリュオス遺跡
シェムリアップ
ロレイ
オールド・マーケット
バコン

■宿泊ホテル

エンプレスアンコールリゾート&スパ（シェムリアップ）　デラックスクラス

木をふんだんに使った素晴らしいホテルで重厚感がある。部屋でマッサージを受けたが、灼熱の観光の中で最高のリラックス気分を味わった。時間に余裕があったら、館内のプールを利用してみたかった。シェムリアップのオールドマーケットには距離があり、タクシーでもやや時間がかかりそうなので断念したが、少し心残りだった。しかし、何はともあれ料理も館内も素晴らしく、星5つとしておきましょう。

上：(左から) ホテルの玄関／ダークブラウンの木に囲まれた落ち着いた内装／紙ナプキンまでアンコールワット！／アンコールビールはコクもキレも最高／左：バンテアイ・スレイ (95頁)

■旅の採点

フォトジェニック度	★★★★★
また行きたい度	★★★★☆
ロングステイしたい度	★★☆☆☆
買い物楽しい度	★★★★★
ホテル満足度	★★★★★

No. 49

バイヨン

世界文化遺産・アンコール遺跡

アンコール遺跡のひとつアンコールトムは、
この地を支配したジャヤヴァルマン７世が
12世紀後半から13世紀にかけて建造した城砦都市。
一辺３km、周囲12km、高さ８mの城壁で取り囲まれ、
総面積は900ha、東京ドーム60個分以上の広さがある。
その中心となるバイヨンは、正方形の二重回廊で、
高さ43mの中央祠堂と16もの四面仏塔からなる。
仏教寺院として建てられたが、
ジャヤヴァルマン８世のときにヒンドゥー教寺院に改宗された。

1遠く眺めれば岩山のようだが、たくさんの仏塔の顔が並ぶ光景は圧巻の一言に尽きる／2巨大な石を積み上げ彫り込まれた仏塔。7～8世紀もの歳月を経た姿に壮大なロマンを感じる／3南大門脇の門番像。白く新しい像は修復されたもの／4バイヨンの四面仏塔の中で最も人気が高い「クメールの微笑み」。口元が微笑むような優しい表情で、記念撮影の間が空かないほど観光客が集まってくる

5アンコールトム入口の南大門から、象に乗って入場する観光客／6日焼けも気にせず自転車でマイペースの外国人観光客

No. 50 バプーオン

世界文化遺産・アンコール遺跡

観光客の列が途切れない人気の遺跡

バイヨンの北西に位置する。
ウダヤディティヤヴァルマンが国家的寺院として11世紀の中頃に建立、
歴史はバイヨンより古い。
大きな池に続く長い道は「空中参道」と呼ばれている。

世界文化遺産・アンコール遺跡

ピミアナカス

No. 51

バプーオンよりさらに古く、10世紀末にジャヤヴァルマン5世からスールヤヴァルマン1世に受け継がれ完成した。ピラミッド型のヒンドゥー教寺院で、かつては最上部に塔があったという。

柱のように見えるのは象の鼻の部分

象のテラス

No. 52

世界文化遺産・アンコール遺跡

ジャヤヴァルマン7世が建立した王宮の正面入り口といわれる。長さ350m、高さは4mほどの石造りで、式典や祭事が行われた場所。壁面に彫られた象の頭部が名称の由来。

No.

53 アンコールワット

世界文化遺産・アンコール遺跡

アンコールとは王都、ワットは寺院を意味する。
12世紀初頭、スールヤヴァルマン２世がヒンドゥー教寺院として30年を費やし建立した。
カンボジア国旗にも描かれている、アンコール遺跡群を代表する寺院で、
王の死後には王を祀る霊廟となった。
壁面や回廊には、埋め尽くすようにレリーフ（浮彫）が広がり壮大な物語が表現され、
特に第１回廊に約1.5km も続く壁画は圧巻だ。
長く眠り続けていた遺跡群は、
1860年にフランスの探検家アンリ・ムオによって発見された。
その後、カンボジアは1887年にフランス領インドシナとなり、
パリ万博で広く紹介され、世界中の人々を驚かせた。
1972年、内戦でクメール・ルージュによって一部破壊されたが、
現在も世界各国の協力のもとに修復作業が進められている。

上から、インドの古代叙事詩「マハーバーラタ」「ラーマーヤナ」が描かれた壮大なレリーフ（2カット）／僧侶の話を聞く外国人観光客／記念撮影中のファミリー

参道を渡る途中、西塔門の奥から南国
特有の巨大な雲が湧き上がった

アンコールワットは朝日観賞のスポットとしても有名だ。
夜明け前の早朝４時過ぎにホテルを出発。
天候次第だが、月も見える薄暗いアンコールも神秘的。
春分の日、秋分の日は中央祠堂の中心部あたりから朝日が昇り、池に映り込む。
陽が昇り周辺を見渡せば、各ホテルからやってきた観光客でいっぱい。
皆、それぞれの満足感を味わってホテルに戻っていった。

上：夜明け前に厚い雲に覆われあきらめかけたとき、顔を出した太陽は感動的だった／下：夜明け前の三日月と中央祠堂。息を殺して４分の１秒で手持ち撮影

右：プレ・ループの中央祠堂前の階段に腰かけ夕日を待つ観光客／下：長い階段をやっとの思いで登りきる

プレ・ループとは身体を裏返すという意味で、
文字通り火葬場でもあるヒンドゥー教寺院だった。
夕日観賞のスポットとして観光客が多く集まる。
中央祠堂まで続く高い階段を登り夕日を待つ。
美しいデヴァター（女神像）など見所も多い。

世界文化遺産・アンコール遺跡

プレ・ループ

No. 54

No.

55 タ・プローム

世界文化遺産・アンコール遺跡

ジャヤヴァルマン７世が12世紀末に建立した仏教寺院で
後にヒンドゥー教寺院に改宗された。
アンコールワット、アンコールトムと並ぶ３大遺跡のひとつで、
東西１km、南北600mもの広大な周壁に囲まれ、巨大なガジュマルが絡みつく様は、
アンコール遺跡を代表する神秘の世界である。
研究者の間で、ガジュマルを取り除き本来の寺院の姿に戻す意見が出たそうだが、
1000年の時を経た今の姿のまま、永遠に残してもらいたい。

上：一番人気の撮影スポット「スポアン」で
下：人と比較したら、その巨大さがよくわかる

左：遺跡周辺の至るところに生息するガジュマルは観光客に人気の撮影ポイント
右：タ・プロームの入口から遺跡へまっすぐ伸びる道
下：崩したのも支えているのも、この巨大に育ったガジュマルなのだ

No.

56 バンテアイ・クデイ

世界文化遺産・アンコール遺跡

アンコールトムの東に位置するバンテアイ・クデイは、
10世紀頃にヒンドゥー教寺院として建てられたものを
12世紀から13世紀にかけて
ジャヤヴァルマン7世が仏教寺院として再建した。
「僧房の砦」を意味するこの寺院は、
質の悪い建築資材が使われていたと推測され、
至るところが荒廃している。
2001年には日本の調査団が274体もの廃仏を発見し、
世界の注目を浴びた。

今にも崩れそう！

中央祠堂の前に根を張る巨大ガジュマル

バンテアイ・スレイ

世界文化遺産・アンコール遺跡

アンコールワットから北東約20km に位置する小規模なヒンドゥー教寺院。ジャヤヴァルマン５世の師範ヤジュニャヴァラーハが建立したといわれる。大部分が赤い砂岩で造られ、アンコール美術の至宝と謳われる。「女の砦」を意味する名前の通り、各所に彫られたデヴァターはとても美しく、「東洋のモナリザ」とも称される。

左：東洋のモナリザは赤い素材でより美しく輝いている／右：小さな訪問者と回廊を挟んでご対面

No.

58 アプサラダンスショー

アプサラは天の踊り子を意味するサンスクリット語で、
９世紀のアンコール王朝時代から宮廷内で踊られていた。
独特の手の返しや、ゆっくりとした円を描くような動きは
天界と地上を漂う姿を表現している。
踊り子を目指す子供たちは、主役のシータ姫を目標に、
関節を伸ばす猛特訓を受ける。
内戦で禁止された不幸な時期もあったが、
1989年、クメール文化復興運動とともに復活した。

上：ゆっくりとした動きの中でのバランス感覚は熟練の賜物なのだ／右：ロニー・エクと呼ばれる木琴の響きに合わせて天女の舞が繰り広げられる

breaktime　ちょっと一休み

シェムリアップのリゾートホテルとオールドマーケット　アンコールワット観光の拠点であるシェムリアップは、世界中から訪れる観光客が途絶えない。迎えるホテルはVIPご用達から中級クラスまでどれも素晴らしい。また、昼夜を問わず東南アジア特有のナイトマーケットやパブがあり、お土産品もリーズナブル。遺跡巡りに疲れたら、しばし一服、滞在期間を楽しもう。

1ランチで訪れたヴィクトリア・アンコール・リゾート＆スパの美しいプール／2リゾート気分満点のレストラン／3エントランスに雄大なアンコールワットが描かれたホテル、エンプレス・アンコール／4カンボジアの伝統織物の数々がとてもリーズナブル

China 中国

北京

スーパー世界遺産を巡る旅

急成長国とは、この国の代名詞ではないかと思う。この20年間での様変わりは凄まじく、都心部の写真は５年経てば見間違えてしまうほど近代化が進んできた。日本で、NHK の特集番組「シルクロード」が放送され注目を浴び始めた頃から、人民服を脱ぎ発展を遂げたスピードは、アジア諸国の中でも群を抜くだろう。

そんな大国の首都北京を旅した。日本では日々 PM2.5情報が流れ、出発前は霞んだ空だと決めつけていた。ところが、滞在期間中は雲ひとつない晴天で、報道されていることがすべてではないことを改めて感じた。

また、旅行費用は本書で紹介した中でも最安値。万里の長城や紫禁城（故宮）は、とびっきりのスーパー世界遺産。期待を大きく上回る感動で、本書の中でもお得感は最高得点だった。

国情報

国　　名　中華人民共和国（通称・中国）

首　　都　北京

通貨とレート　元　1元＝17円（2016年２月現在）

主な言語　中国語（北京では北京語。上海語、広東語などとは発音が大きく違う）

日本との時差　マイナス１時間

気候と旅のベストシーズン

北京は日本と同様に春と秋が過ごしやすいが、ほどよい期間が短く、夏は気温が30度超え、冬は氷点下10度以下になることもあり厳しい。また、春は黄砂が吹き荒れることもありマスクなどの対策も必要。夏以外は乾燥しているので、のど飴を持参した方が無難だ。どこの国も同じだが、出発前に週間天気予報などをこまめにチェックし、服や持ち物をしっかり準備して行こう。

■コース内容と費用

1日目	午後	中国国際航空で大連経由、北京へ	［北京泊］
2日目	午前	頤和園、明の十三陵	
	午後	万里の長城	
	夕方	景山公園より紫禁城の夕景撮影	
	夜	京劇鑑賞（オプション）	［北京泊］
3日目	午前	天安門広場、故宮博物院（紫禁城）	
	午後	天壇公園	［北京泊］
4日目	午前	盧溝橋、周口店の北京原人遺跡	
	午後	北京動物園、胡同	［北京泊］
5日目	午前	中国国際航空で大連経由帰国	

■機内食を含む9食付　旅行代金2万9800円＋サーチャージ9000円（他空港税、海外旅行保険）

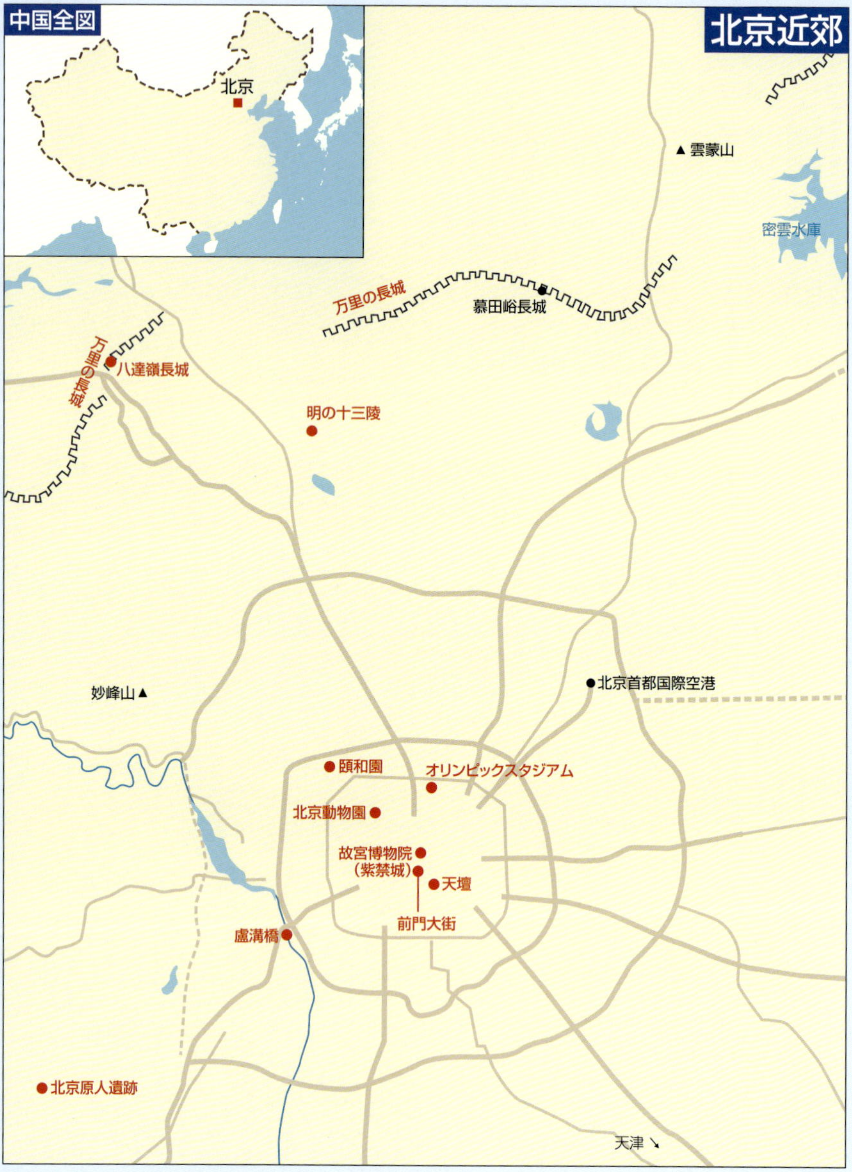
北京近郊
中国全図
北京
雲蒙山
密雲水庫
万里の長城
慕田峪長城
万里の長城
八達嶺長城
明の十三陵
妙峰山
北京首都国際空港
頤和園
オリンピックスタジアム
北京動物園
故宮博物院
（紫禁城）
天壇
前門大街
盧溝橋
北京原人遺跡
天津

■宿泊ホテル

シェーンブルンホテル（美泉宮）　　デラックスクラス

オーストリアの首都ウィーンにあるシェーンブルン宮殿の名が付けられたホテル。内装も外装も素晴らしく、急激な経済成長を遂げた中国にふさわしいホテルだと思うが、北京の繁華街には遠く、近くにもこれといった店や施設がなかった。北京観光の特徴は、とにかく広い大地をよく歩くということ。広大な国土の世界遺産を歩く、上るといった観光なので、同じホテルに４連泊は荷物の移動がなくとても楽だ。観光の満足度の高さも手伝って星４つにしました。

上左：朝日が差しこみ黄金に輝くシャンデリアとエントランス／上右：ヨーロッパのホテルのような重厚な外観／左：頤和園（102頁）の仁寿殿。皇帝が謁見を行う場であった

■旅の採点

フォトジェニック度	★★★★★
また行きたい度	★★★★★
ロングステイしたい度	★★☆☆☆
買い物楽しい度	★★★☆☆
ホテル満足度	★★★★☆

No. 59

頤和園《いわえん》

世界文化遺産

清の第6代皇帝である乾隆帝が、1750年、
皇太后の還暦祝いに造園した清漪園（せいいえん）がそのルーツである。
1860年、第2次アヘン戦争で英仏連合軍に破壊されたが、
西太后が1884年から20年の歳月をかけ隠居場所として再建した。
その際、巨額の海軍軍事予算を流用してつぎ込んだことが、
日清戦争敗北の原因ともいわれている。
熱心な仏教徒でもあった西太后は、
仏の住む山として万寿山（まんじゅさん）に仏香閣（ぶっこうかく）を建て、
自らの住まいである楽寿堂（らくじゅどう）や俳雲殿（はいうんでん）、
昆明湖（こんめいこ）に浮かぶ石の船・清晏舫（せいあんぼう）、
長さ728mの長廊などを次々に建築。
華麗で雄大な中国建築の集合体である頤和園は、
1924年にラストエンペラー溥儀（ふぎ）が追放されたのち
政府が接収し公園化、
1953年より一般開放されている。

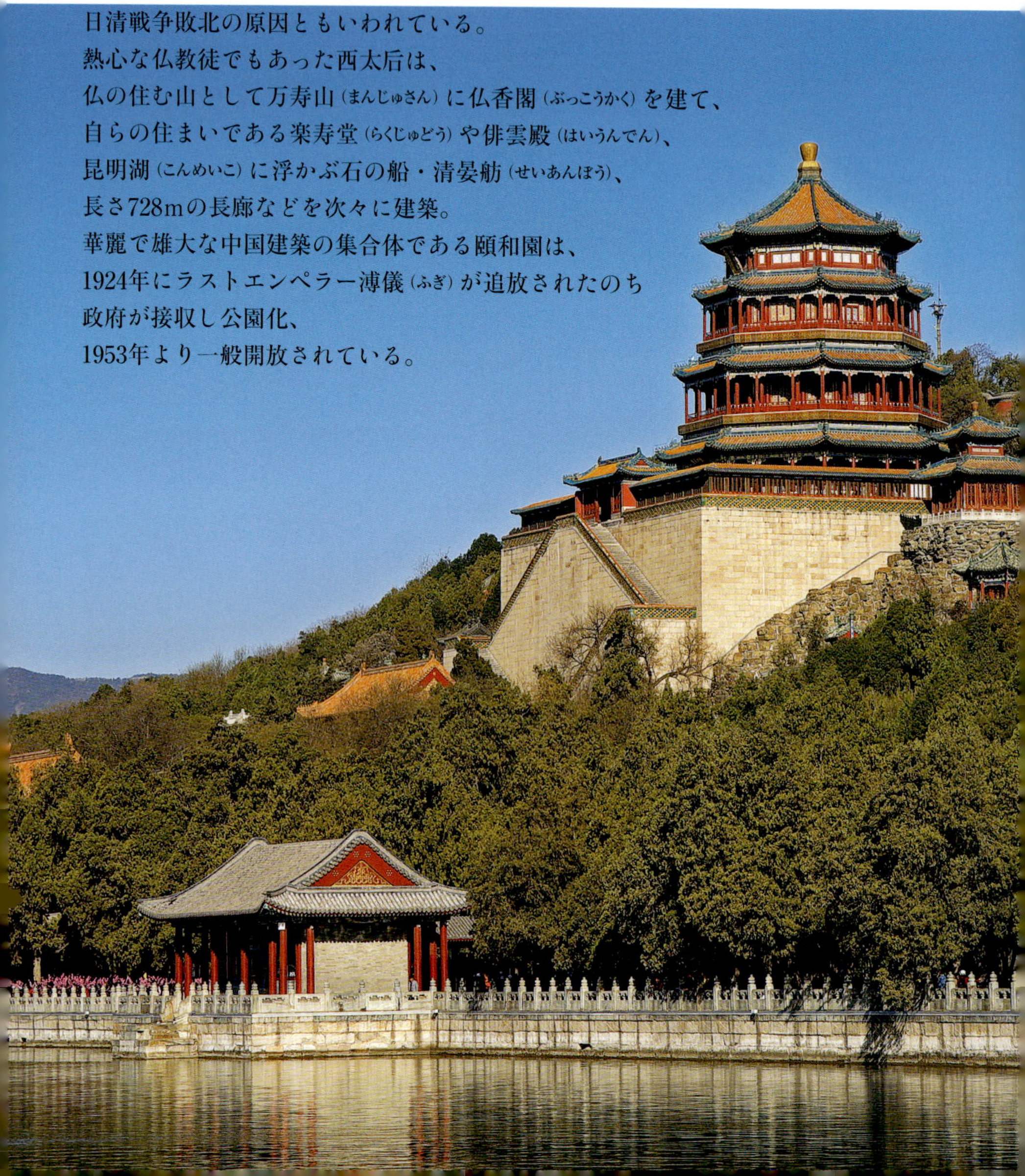

上：昆明湖の遙か奥にかかる十七孔橋(じゅうしちこうきょう)。橋の欄干に544個の石の獅子像が並ぶ
中：国内外からの多くの観光客で溢れる入場門
下：長廊の天井に描かれた細緻な絵

左：昆明湖を見下ろすように
聳え立つ、高さ41mの仏香閣

No.
60 万里の長城《ばんりのちょうじょう》

世界文化遺産

訪問可能な長城のうち最も有名で、観光地化された八達嶺長城(はったつれいちょうじょう)

紀元前、春秋戦国時代という群雄割拠の中、
北方遊牧民族の侵入を防ぐため、燕、趙、秦が
北の国境に長城の建設を行った。
秦の始皇帝がより強固に建設を推し進め、
これが万里の長城の原型になったという。
その後、時の権力者へと引き継がれていった。
総延長は2009年に6352kmから8851.8kmへ、
さらに2012年には２倍以上の２万1196.18kmへと上方修正された。
ユネスコ世界文化遺産、そして新・世界七不思議にも選出された
壮大なスケールの歴史遺産。
生涯に一度、肉眼で見なければ損をする、
と思えるほどの感動だった。

上：山々に咲き誇る杏の花はまるで日本の桜のようだった／中：北京旅行中の少数民族の人たちと／下左：アジア各国の女性たちは個性的な決めポーズで記念撮影／下右：階段を登り切っても、その先に果てしなき世界が続いている

No.
61

故宮博物院《こきゅうはくぶついん》（紫禁城《しきんじょう》） 世界文化遺産

右も左も人だらけの天安門周辺。ここはかつて紫禁城の正門だった

明・清朝の皇帝と一族が住んだ宮殿。明の永楽帝が南京から北京に都を遷す際に造った。面積72万5000㎡は世界の宮殿で最大、現在は故宮博物院として入場者は何と１日５万人。最後の皇帝・溥儀が、宮殿を追われ動乱の時期を生き抜く。
そして、ふるさとである故宮に立ち寄り、入場料を払って玉座に座り懐かしむ……。
映画「ラストエンペラー」のラストシーンは、いつまでも筆者の心に残っている。
1949年、毛沢東が城門のひとつである天安門で中華人民共和国の建国宣言をした。
この式典のために整備された天安門広場は南北880m、東西500m、
100万人を収容可能で、世界最大の広場といわれる。

左：保和殿の玉座の上に掲げられた、乾隆帝の直筆という「皇建有極」の扁額。有能な皇帝にも限界はある、謙虚な心でいなさいという意味／右：紫禁城の入口・午門

上：北門である神武門から見える景山公園／下：皇帝の即位式や誕生祝い、葬儀などの重要な式典が行われた、中国最大の木造建築・大和殿

紫禁城夕景。観光客がいない光景を前に、隆盛を誇った時代に思いを馳せる

No.
64

明の十三陵《みんのじゅうさんりょう》

世界文化遺産

定陵博物館の入場口。自分の居場所が把握できないほど広い空間だ

明の時代、第３代目の成祖・永楽帝が生前に自らの墓を建設したことが始まりで、
歴代皇帝13人が眠る広大な陵墓である。
北京市郊外の天寿山山麓にあり、
万里の長城の八達嶺長城と同じ観光ルートに組まれることが多い。
第14代皇帝万暦帝が眠る定陵は地下宮殿として一般公開されている。

左：薄暗い地下廊を進むと、気分的にも寒く感じられる／右：皇帝の玉座や棺桶などが置かれた付近には、中国式に御賽銭が供えられていた

オリンピックスタジアム　No. 65

2008年開催の北京オリンピックのメイン会場として建設された。
風水の考えのもと紫禁城の北方向に造られ、
個性的な外観から付けられた愛称は「鳥の巣」。
座席数８万席を確保できる中国最大の室内競技場だ。

盧溝橋《ろこうきょう》　No. 66

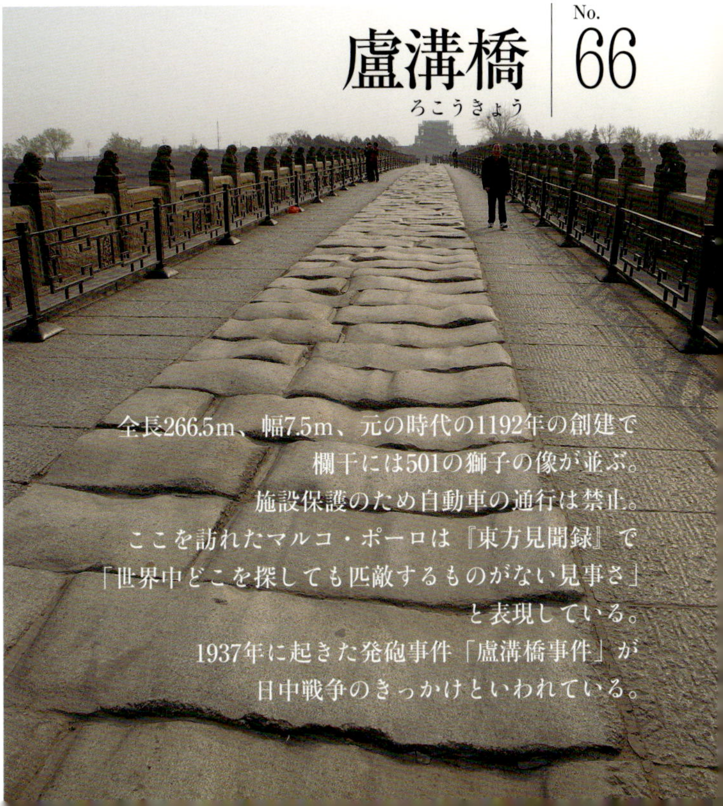

上：乾隆帝直筆の石碑／右：中央の石畳は当時のままの姿で、その凹みが歴史を物語る

全長266.5m、幅7.5m、元の時代の1192年の創建で
欄干には501の獅子の像が並ぶ。
施設保護のため自動車の通行は禁止。
ここを訪れたマルコ・ポーロは『東方見聞録』で
「世界中どこを探しても匹敵するものがない見事さ」
と表現している。
1937年に起きた発砲事件「盧溝橋事件」が
日中戦争のきっかけといわれている。

No.
67　北京原人遺跡《ぺきんげんじんいせき》

世界文化遺産

北京市の南、周口店にある北京原人の発掘現場。
約25〜40万年前にここに住んでいた原人の
歯や骨が発掘されたが、
毛沢東の大躍進政策のもと開発が進み、
多くの遺跡が破壊された。
近年、中国共産党が保護政策を進め、
1987年にユネスコ世界遺産に登録された。

左：発掘現場までの歩道に立つリアルな原人像／右：発掘現場を見学

No.
68　北京動物園《ぺきんどうぶつえん》

約600種、7000頭を飼育する中国最大の動物園で、その歴史は明朝時代にまで遡る。
当時の貴族の住居などを使用しており、広大な敷地内に今もその遺構が残るという。
園内ではやはりパンダが大人気で、中国内外の入場者でいつも賑わっている。

左：パンダ館では多くのパンダが飼育されている。このパンダはかなり高齢のようだ
右：孫悟空のモデルといわれるキンシコウ。動きがとても素早くて写真を撮るのが難しい

胡同《フートン》

No.
69

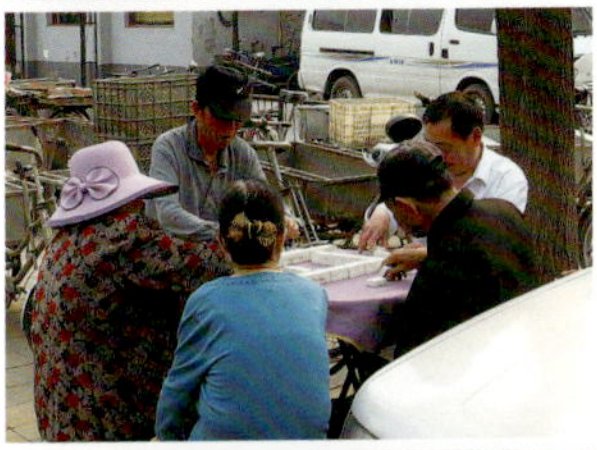

左：（上から）大通りに胡同の案内板／青空麻雀を楽しむ地元の人たち／玄関口の階段数は家の格を表すという／右：一般庶民の生活感を感じてみたい

胡同とは、北京市内旧城内に点在する細い路地のことで、
そこでは古くから暮らす人たちの生活を垣間見ることができる。
市内を走ると、(折)と書かれた建物が目に入るが、
これは「近々取り壊し」という意味。
北京オリンピック前からの急激な開発で古い居住区が年々減少する中、
近年は観光スポットとして人気になり、観光客を乗せた自転車タクシーが走る。

No. 70

京劇《きょうげき》

清の時代、安徽省で発祥した古典歌劇で、北京を中心に栄えたため京劇と呼ばれる。
広大な中国では地方劇も盛んだが、
四川省の川劇や浙江省の越劇など様々な要素が取り入れられている。
老若男女４つの役柄があり、役者は隈取りなど自身でメイクを行い、
せりふや立ち回りなど、幼い頃から生涯をかけ修業に励む。
北京市内には多くの歴史ある専門劇場があり、
言葉がわからなくとも日本語解説のヘッドフォンで伝統芸能を堪能できる。

South Korea　韓国

釜山・慶州・ソウル

10年目の冬ソナ――韓国縦断の旅

日本から一番近く日帰りも可能な国といえば韓国。海外旅行の入門に、これほどぴったりの国はない。

一頃の韓流ブームも落ちついた感があるが、ブームに乗らず過ごしていたある日、何気なくテレビを見たら韓流10周年であの大ヒットドラマを再放送中だった。

「これが冬ソナかな？……」と知らずにぼんやり見ていたら、いつの間にか全放送を走破して遅すぎたマイブームに！

巷にヨン様グッズも見なくなったそんな頃、初めての韓国旅行をした。韓国へは買い物がてらに何回も渡航するリピーターも多い。そして食の天国、韓国フードは日本人の嗜好にもぴったりで初めて食べるという気がしない。違うのはその安さだろう。滞在先近くのコンビニで、大好きなマッコリが１本150円ほどだったので何本も買ってしまった。

私の故郷福岡からだとさらに近く、釜山までは空路わずか１時間弱、福岡－東京の約１時間40分より早く、大阪に行くような感覚だ。いつでも行けるという気持ちから後回しになって、なかなか重い腰が上がらなかった。しかし、買い物や食べ物だけではなく、世界遺産もふんだんに点在する歴史ある国でもある。

まあ、そう気張らずにリラックスした旅を楽しみましょう。

■国情報

国　　名　大韓民国（通称・韓国）
首　　都　ソウル特別市
通貨とレート　ウォン（W）　１W＝0.1円（2016年２月現在）
主な言語　韓国語。観光地では日本語が通用する場合も多い
日本との時差　なし
気候と旅のベストシーズン
日本と変わらないが、冬季はかなり冷え込むので防寒対策を忘れずに

■コース内容と費用

１日目	午前	大韓航空直行便で釜山へ	
	午後	釜山市内観光――チャガルチ市場、国際市場、龍頭山公園	
	夕方	慶州へ	［慶州泊］
２日目	終日	慶州市内観光――仏国寺、慶州歴史地域の古墳公園、瞻星台、良洞村	
	夕方	温陽へ	［温陽泊］
３日目	午前	水原へ。水原華城観光後ソウルへ	
	午後	ソウル市内観光――昌徳宮、仁寺洞、北村韓屋村	
	夜	明洞観光（オプション）	［ソウル泊］
４日目	午前	韓国民芸品店	
	午後	大韓航空直行便で帰国	

■機内食を含む９食付　旅行代金２万9990円＋サーチャージ4600円（他空港税、海外旅行保険）

韓国全図
朝鮮民主主義人民共和国
大韓民国
昌徳宮
崇礼門
北村韓屋村
ソウル
江陵
仁川
水原
水原華城
温陽温泉
清州
安東河回村
大田
慶州良洞村
群山
大邱
慶州
海印寺
仏国寺
慶州歴史地域
晋州
光州
釜山
チャガルチ市場と
龍頭山公園
珍島

Reebok
Nail Olive
LLOYD
NATURE REPUBLIC

宿泊ホテル

慶州コーロンホテル（慶州）	スーペリアクラス
温陽グランドホテル（温陽）	スーペリアクラス
ホテルノブレス＆ホテルメリディアン（ソウル）	スタンダードクラス

慶州コーロンホテルはゴルフ場に隣接した静かなホテル。温陽は温泉が有名でホテル内に温泉施設があり、どこか日本的だ。ソウルでは、町外れのいかにもビジネス系のホテルに泊まった。地元のコンビニに立ち寄ってマッコリやビール、お菓子を買い込み、ホテルでお決まりのテレビとビールで乾杯。買い物中心の旅なら、ソウル市内の一流ホテル連泊の滞在型ツアーも多い。目的別にコースを選んでみよう。

上：水原華城（128頁）に棚引く旗／下：良洞村（127頁）の縁側でのんびり毛繕い／左頁：明洞のメインストリート

上：（左から）食事はほとんどが町のレストラン／慶州コーロンホテル前のユニークなオブジェ／土産物の数々／下：慶州・仏国寺（124頁）に寄進されたたくさんの瓦

旅の採点

フォトジェニック度	★★★★☆
また行きたい度	★★★☆☆
ロングステイしたい度	★★☆☆☆
買い物楽しい度	★★★★☆
ホテル満足度	★★★☆☆

No.
71

チャガルチ市場と龍頭山公園

チャガルチいちばとヨンドゥサンこうえん

チャガルチ市場は釜山広域市の海岸近くに広がる韓国最大の海産市場。
市場のビル内には、獲れたての魚をさばいて刺身にしてくれる食堂もある。
チャガルチは砂利という意味。
朝鮮戦争の頃、ここで避難民や外国人たちが露店商売を行っていたが、
当局の規制でビル建設が行われ現在の姿になった。
チャガルチ市場から10分ほど歩くと国際市場。
衣類、雑貨、電化製品など1200もの店舗がひしめき合い、
お土産探しに大人気の散策コースとなっている。

左：新鮮で大きな海産物が盛りだくさん／中：コーヒーを飲みながら余裕の商い／右：懐かしい練炭を発見！

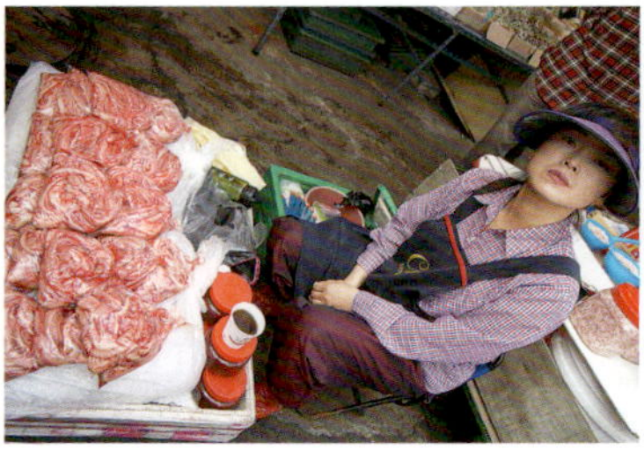

釜山南部広域市の小高い丘は
龍頭山と呼ばれ公園化されている。
中央には釜山タワーがあり、
市内の眺望が360度パノラマで楽しめる
釜山観光の定番スポットだ。

左上：青空に聳え立つ釜山タワーと将軍・李舜臣(りしゅんしん)の巨像
／右上：記念撮影中の地元市民／下：展望台から眺めた釜山市内

左：真っ赤なキムチなどの本場の漬物／中：国際市場の屋台。地元の学生さん
のお楽しみ／右：国際市場のメインストリートに腰掛けて昼食がとれる

No. 72 仏国寺《プルグッサ》 世界文化遺産

美しい天王門と紅葉

慶州の地に751年に建立された韓国仏教最大宗派「曹渓宗」の寺院。
現在の姿は1970年代に、韓国仏教寺院建築技術の粋を集めて造り直されたもの。
紅葉の時期に旅をしたが、錦秋の寺院は日本同様に雅で素晴らしい。

天王門に立つ仁王像

上16段の白雲橋と下17段の青雲橋。合わせて33段は「未だ仏の境地に達せず」の意味を持つ

この日はどこも小学生のグループでいっぱいだった

重厚な正門。韓国建築特有のデザインや色づかいがとても美しい

国宝に指定されている多宝塔

No.
73 慶州歴史地域《キョンジュれきしちいき》

世界文化遺産

慶州は紀元前57年から935年までの約1000年にわたり繁栄した
新羅王朝の都があった場所。
至るところに当時の遺産が点在し、「屋根のない博物館」ともいわれている。

上：瞻星台（チョムソンデ）。約1400年前に造られた東洋最古の天文台。高さ約９m
下：新羅時代の王、王妃、貴族たちの古墳が何基も連なっている

世界文化遺産 良洞村《ヤンドンマウル》 No. 74

慶州市江東面にあり、安東河回村と並ぶ韓国の重要民俗文化財。
李朝時代の同族村で、学者など数多くの人物を輩出している。
幾度の戦火を逃れた村では、150ほど残る家屋で人々の営みを垣間見ることができる。

No.
75 水原華城《スウォンファソン》

世界文化遺産

18世紀、李朝時代の第22代国王が亡き父の墓を楊州から水原に移し、
城壁、城門、楼閣を築いた。
朝鮮の築城技術の粋を集めたもので、中でも城壁は 5 km を超える。
ここに遷都する計画もあったが、完成間近に国王が逝去し、夢はかなわなかった。
兵士の立ち位置を示す旗は、
北は黒、南は赤、東は青、西は白と色分けされている。

延々と続く城壁は、韓国版・万里の長城といったところ

左：水原華城の東門・蒼龍門(チャンリョンムン)／右：奥に見える巨大な大聖堂との対比が何とも面白い

世界文化遺産

昌徳宮《チャンドックン》

No. 76

気品高い王の玉座

1405年、朝鮮王朝３代王・太宗により韓国最古の王宮・景福宮(キョンボックン)の離宮として創建された。文禄・慶長の役で焼失したが、1615年に再建され、約270年間は正宮として使用された。創建当時の面影を色濃く残すといわれる。４万3000㎡の広大な敷地内にある庭は、自然と融合した見事なもので、韓国伝統庭園の真髄といわれている。

左：王の即位式などの国家行事が行われた正殿・仁政殿／右：緑が基調の美しい韓国建築様式

No. 77

崇礼門《スンネムン》

1398年、朝鮮王朝初代王である
太祖(テジョ)によって建立された崇礼門。
首都・漢陽(ハニャン)(現在のソウル)を
取り囲む城郭の正門であった。
朝鮮戦争(1950－53年)で損傷を受けたが、
改修されて1962年に国宝第1号に指定された。
しかし2008年2月、火災に見舞われ崩壊。
それから5年3カ月の工事を経て、
2013年5月、復元された崇礼門が
ついに一般公開された。

1

2

北村韓屋村

ブッチョンハノクマウル

No. 78

韓国の伝統家屋・韓屋(ハノク)が集まる地区で、
ソウル中心部の鍾路区嘉会洞の山の斜面に集中している。
国の登録文化財や史跡に指定された建物も多いが、
住民の生活地域であるため、内部は非公開となっている。

breaktime　ちょっと一休み

仁寺洞（インサドン）と明洞（ミョンドン）　仁寺洞はソウル鍾路区にあり、古美術品や伝統工芸品などの店が軒を連ねる。19世紀末に王室勤めの両班（貴族）たちが、困窮のため伝統工芸品を売る店を開き、外国人が買い求めて広まった。日曜日は歩行者天国となり様々なイベントが行われる。明洞はソウル市内で最も有名な繁華街。高級ブティックからカラオケ店、偽ブランド店まで幅広い。日本の渋谷、原宿のような街といえる。

[1]熱々の韓国フードを明洞の屋台で食べ歩き／[2]屋台の定番メニュー「トッポッキ」／[3]多国籍な買い物客が行き交う仁寺洞／[4]テコンドーや伝統芸能の舞いなどが披露される仁寺洞のイベント会場

Taiwan 台湾

台北・台中・台南・高雄・九份

親日国・台湾を新幹線で縦断する旅

筆者のアジアへの出発点は、ここ台湾だった。韓国と同様に日本から近い国、沖縄のほんの先にあって日本の文化も垣間見える国でもある。空路で桃園に到着して台北から日本型新幹線で一気に高雄まで縦断し、バスで北上していくツアー。12月の旅なのに、高雄は何と28度の常夏気分だった。しかも4日間すべて晴天というラッキーな旅で感動は最高潮に。中でも見所は、本書では紹介できなかった、世界三大博物館のひとつに数えられる故宮博物院。

最近、日本でも故宮博物院展が開催されたが、日本では見ることができなかったたくさんの財宝を、ぜひ本場で堪能してほしい。台湾グルメにお茶やフルーツ、想い出づくりにぴったりの旅になること間違いなし！

■国情報

国　名	中華民国（通称・台湾）
首　都	台北市
通貨とレート	台湾ドル（NT$）　1 NT$ ＝3.5円（2016年2月現在）
主な言語	公用語は北京語
日本との時差	マイナス1時間

気候と旅のベストシーズン

5月に梅雨入りし、9月にかけては蒸し暑く雨も多い。また9月は大型台風の襲来に注意。南北で気候が違い、台北の冬は意外に寒い日もある。11月から4月がベストシーズンといえる

コース内容と費用

1日目	午前	中華航空直行便で桃園へ	
	午後	台北市内観光――中正紀念堂、忠烈祠	[桃園泊]
2日目	午前	台湾高速鉄道（新幹線）で高雄へ。高雄市内観光――蓮池潭、壽山公園	
	午後	台南へ。台南市内観光――延平郡王祠、赤崁樓。嘉儀へ――北回帰線標塔。台中へ	[台中泊]
3日目	午前	台中市内観光――宝覚寺。日月潭観光	
	午後	台北経由で九份へ。九份市内観光。台北へ	
	夜	タクシーで士林夜市へ	[台北泊]
4日目	終日	故宮博物院観光	
	午後	中華航空直行便で帰国	

■機内食を含む11食付　旅行代金３万4800円＋サーチャージ3000円（他空港税、海外旅行保険）

中正紀念堂と自由廣場
台北101
忠烈祠
士林夜市
台北
九份
台湾桃園国際空港
台北駅
新竹駅
台湾高速鉄道（新幹線）
宝覚寺
台中
太魯閣峡谷
台中駅
日月潭
嘉義駅
嘉義
北回帰線標塔
延平郡王祠と
赤崁樓
台南
台南駅
台東
左営駅
高雄
高雄国際空港
蓮池潭
壽山公園
墾丁
台湾全図

■宿泊ホテル

住都大飯店（桃園）　スタンダードクラス
通豪大飯店（台中）　スタンダードクラス
統一大飯店（台北）　スタンダードクラス

今回の台湾各都市のホテルは、近隣の散策には便利な立地だった。特に、台中のホテルには日本人スタッフがいてショッピングできる通りを案内してくれたし、台北はビジネス系のホテルだったが、士林夜市まで近い場所でタクシーを手配してくれた。滞在期間を効率的に気分良く過ごせれば、ホテルの満足度もアップするものだ。

上：（左から）通豪大飯店のロビー／アジア旅は目に入るものすべてが刺激的。「何これ？」がたまらない／台湾はフルーツ王国／左：壽山公園（140頁）内の忠烈祠入口／下：街路樹の刈り込み方が面白い／左頁：蓮池潭（139頁）

■旅の採点

フォトジェニック度	★★★★☆
また行きたい度	★★★★☆
ロングステイしたい度	★★★★☆
買い物楽しい度	★★★★★
ホテル満足度	★★★☆☆

No.

79 中正紀念堂と自由廣場《ちゅうせいきねんどうとじゆうひろば》

中正紀念堂は1975年に死去した蔣介石を顕彰するため、台北市中正区に建てられたメモリアルホール。中正とは蔣介石の本名である。館内には生前の蔣介石と交流があった各国の代表者との写真パネルや記念品、愛車などが展示されている。儀仗隊の交代式が朝10時より１時間おきに行われ、見学中に遭遇することが多いので、一糸乱れぬその姿をぜひ見てほしい。

下：中国伝統の宮殿陵墓式が採用されている中正紀念堂
右：天井の四角い枠に中正紀念堂の文字が書かれている

左：中正紀念堂から見た自由廣場。宮殿風の建物の左は国家戯劇院、右が国家音楽庁／上：蔣介石の巨像の前で行われる、儀仗隊の芸術ともいえる交代式

台北101《タイペイいちまるいち》 No. 80

高さ509m、地上101階、地下５階からなる東洋一の高層ビル。89階にある展望台まで分速1010mの世界最速クラスのエレベーターで昇る。ユニークな外観は、伝統的な宝塔と竹のイメージでデザインされ、大型台風が多いため防風や耐震に優れた構造となっている。

No.
81 忠烈祠《ちゅうれつし》

左：一挙手一投足、乱れもしない見事な行進に皆唖然としてしまう
右：中国式の壮大で美しい建造物の奥に英霊が祀られている

忠烈祠は辛亥革命や日中戦争で命を落とした英霊を祀る祠で、台湾各地にある。
台北の忠烈祠は、日本統治時代に台湾護国神社であった地に1969年に造られた。
ここでも衛兵の交代式が行われ、
約20分間のまるでロボットのような機械的な動きが、観光客の目をくぎ付けにする。

蓮池潭では大きく口を開けた龍が待っている。向こうには台湾特有の屋根の建造物が見える

蓮池潭《れんちたん》

No. 82

台湾南部の高雄市にある淡水湖で、台北から新幹線で90分ほどで行ける。ここには中国風の拝殿や塔など、極彩色の巨大な建造物が点々と建ち並び、撮影スポットも豊富にある。12月なのに常夏気分満開だった。

上：煌びやかな装飾にため息が出る／右：一番人気の龍虎塔。龍の口から入って虎の口から出ると今までの罪が清められ災いが消えるという。くれぐれも逆行しないこと

その昔、疫病に苦しむこの地に貢献した保生大帝という医者を祀る慈清宮

No.
83

壽山公園《じゅざんこうえん》

高雄のシンボル、地上347mの85スカイタワーを遠望。台北101完成までは台湾一の高層ビルだった

海抜365m、高雄の街を一望できる公園内には
忠烈祠があり、台湾リスや猿が生息している。
日本統治時代には高雄神社があった場所でもある。

中国宮殿建築の高雄忠烈祠

No. 84

延平郡王祠と赤崁樓《えんぺいぐんおうしとせきかんろう》

延平郡王祠は第2次世界大戦終了後に
中華民国が建て直した新しい祠である

台湾では孫文、蔣介石と並ぶ3人の国神として尊敬されている鄭成功。
彼とその母で日本人の田川マツを合祀する古刹が延平郡王祠である。
日本統治時代は開山神社という名称だった。
赤崁樓は1653年にオランダ人が築いた要塞。
台南を代表する歴史的建造物で、国家一級古跡に指定されている。
オランダ人を屈服させ、台湾人の手に取り戻した鄭成功の
偉大な業績を示す資料が展示されている。

赤崁樓。左：オランダ人を屈服させる鄭成功の像はテレビにもよく登場する
／右上：竹格子の個性的な窓／右下：ドアにも文化が融合された跡が残る

No.
85 宝覚寺《ほうかくじ》

1927年に開かれた古刹。
本堂には日本式の黒瓦が使用され、
境内には日本人墓地もあり
毎年供養が行われている。
高さ30mの巨大な布袋様は
境内の外からも頭が見える。

No.
86 北回帰線標塔《きたかいきせんひょうとう》

北回帰線は北緯23度26分の線で、
夏至に太陽が天頂に来る。
この線より南が熱帯に区分される。
嘉儀市南部の標塔のそばには
高さ28mの展望台付きタワーが立つ。

熱帯と亜熱帯の境目である記念撮影場所では、観光客が絶えずお決まりのポーズをとる

日月潭《にちげつたん》 No. 87

日月潭は台湾最大の淡水湖。
北東部が円形に近く、南西部は三日月形のため日月潭と呼ばれる。
日本統治時代の1918年から日本人の手によって造られたダム湖で、
その面積は当時の４倍にまで膨らんだ。
東洋最大規模の水力発電所といわれ、
台湾の水力発電の半分以上を占め、台湾南部の工業発展に大きく貢献した。
早朝と夕暮れの景観は絶景で、湖の畔の中国宮殿様式の文武廟とともに
有数の観光スポットとなっている。

左：文武廟の入口では巨大な獅子像が出迎えてくれる／上3カット：煌びやかな装飾の数々

No. 88

九份《きゅうふん》

右：赤い提灯と茶店が並ぶ坂道は九份を代表する景観
下：人気のスイーツ店

19世紀末からゴールドラッシュに沸いたが、
第2次世界大戦後に採掘量が激減し、町も衰退した。
再開発もされず、古い町並みのままだった地域に
都会の喧騒を嫌う若い芸術家が注目し、次々に工房を開いた。
その様子が人の目を引き、皮肉にも人気の行楽地に生まれ変わった。
映画のロケ地になることも多く、
日本の映画「千と千尋の神隠し」の舞台のモデルになったことはあまりにも有名だ。

左：山の斜面に広がる九份の町並み
下：ここは猫カフェ？

士林夜市《しりんよいち》 No.89

托鉢のお坊さんも立ち止まるほど、お買い得商品が満載だ

アジアはナイトマーケットが盛んだが、
台湾の夜市は全土で行われ、特に台北の士林夜市は最大規模。
通りにある慈誠宮の門前が夜市発祥の地とされている。
2011年末に屋根付きでより衛生的なショッピングゾーンに改築され、
昔の雰囲気はそのままに、観光客だけでなく
地元住民にも大人気の散策エリアとなっている。

足つぼマッサージの本場で恍惚の表情

新鮮フルーツ屋台はカット販売もしてくれる

Hong Kong 香港
Macau マカオ

近未来のライトアップとイルミネーション——夜遊び満喫の旅

香港は1930年から1960年にかけて、中国の共産主義体制から逃れてきた華人が住み着き、1839年から４年続いたアヘン戦争で大英帝国の植民地とされた。1997年に中国へ返還され、一国二制度の特別行政区となったが、住民は自らを香港人としてプライドをもち、本土の中国人とは一線を引いているようだ。

イギリスと中国が融合した独自の文化を形成し、1104㎢に700万人が暮らす大都会。狭い土地で上に伸びるしかなかった超高層ビル群がひしめき合う。２階建てのバスや電車、車は左側通行という光景は、イギリス文化が根付いている証拠だろう。

続いてマカオも、1999年にポルトガルより返還され中国の特別行政区となった。香港よりさらに人口密度が高く、29㎢に60万人超が暮らす。2005年に、８つの広場と22の歴史的建築物が世界文化遺産に認定され、世界遺産の密集度も世界一、東京の世田谷区の半分ほどの地域に世界中から年間2800万人もの観光客が訪れる。

さらに中国で唯一、合法的にギャンブルが認められている地域で、カジノの規模はあのラスベガスを抜き世界一に躍り出るなど、その勢いは止まらず年々進化している。

マカオは大きな転換期を迎えようとしている。今後、さらにホテル進出が予定され、新規客室数は発表されているだけでも１万室を軽く超えている。今までのカジノ一辺倒から、家族連れ中心のリゾート施設にも力を入れ、カジノとそれ以外の収入を五分五分にする方針だという。一般客を広く受け入れるマカオの変貌が、今後益々楽しみになってきた。

超高層ビル群を見上げ首が痛くなり、住みたければ坪2000万と言われた驚きの香港、見所満載のマカオ観光は、とても４日じゃ足りなかった！

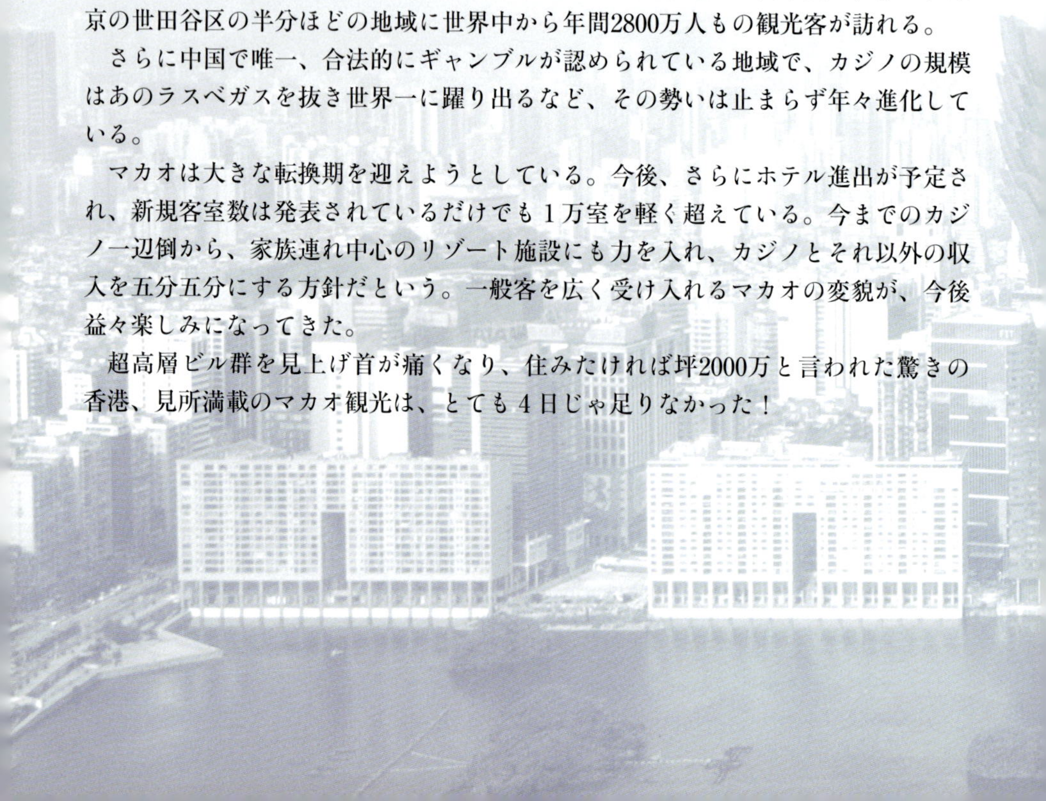

■エリア情報

名　　称　中華人民共和国香港特別行政区（通称・香港）
通貨とレート　香港ドル（HK$）　1 HK$ ＝15円（2016年 2 月現在）
主な言語　中国語（広東語と北京語）。主なホテル、レストランでは英語も通じる
日本との時差　マイナス 1 時間
気候と旅のベストシーズン
　5 月に梅雨入りし10月にかけて雨季。乾季である11月から 2 月までがベストシーズン。1 年を通して温暖だが、冬場は肌寒い日もあるので、長袖のジャンパーや冬着も持参した方がよい。夏休み期間は湿度も気温も最高潮

名　　称　中華人民共和国マカオ特別行政区（通称・マカオ）
通貨とレート　パタカ　1 パタカ＝14円（2016年 2 月現在）
　※マカオでも香港ドルが使えるため、両国間を旅する場合は香港ドルに両替した方が無難
主な言語　中国語（広東語）とポルトガル語。主なホテルや観光スポットでは英語も通じる
日本との時差　マイナス 1 時間
気候と旅のベストシーズン　香港とほぼ同じ

■コース内容と費用

1 日目　午前　中華航空で台湾乗り継ぎ香港へ
　午後　香港市内観光――1881ヘリテージ、バードガーデン、フラワー市
　夜　ヴィクトリア・ピークとシンフォニー・オブ・ライツ夜景観賞。オープントップバスと女人街散策（オプション）　［香港泊］
2 日目　午前　香港市内観光――レパルス・ベイ、トラム乗車、黄大仙
　午後　個人行動――アヴェニュー・オブ・スターズ、ネイザンロード散策　［香港泊］
3 日目　午前　高速船でマカオへ渡航
　午後　マカオ歴史地区観光――聖ポール天主堂跡、セナド広場、仁慈堂、聖ドミニコ教会他
　夜　個人行動――コタイ地区ホテル群の夜間撮影　［マカオ泊］
4 日目　午前　高速船で香港へ
　午後　中華航空で台湾経由帰国

■機内食を含む11食付　旅行代金 6 万9990円＋サーチャージ 1 万2000円（他空港税、海外旅行保険）

■旅の採点

フォトジェニック度		★★★★★
また行きたい度		★★★★★
ロングステイしたい度		★★★☆☆
買い物楽しい度		★★★★☆
ホテル満足度	［香　港］	★★★★☆
	［マカオ］	★★★★★

上：シンプルかつモダンで美しいコートヤード・バイ・マリオット・ホンコン・シャティンの客室／下：面白いデザインのロビー

宿泊ホテル（香港）

コートヤード・バイ・マリオット・ホンコン・シャティン　デラックスクラス

香港中心街から離れているので、夜間に街へ出かけるのは面倒だが、その分静かに過ごせる。ホテル１階に綺麗なスーパーがあり、日用品からお土産までここで調達できた。部屋の中はモダンでセンスある造りで、間接照明が落ち着きを演出してくれる。バスタブがないのが、日本人には今一つ物足りなさを感じさせるかもしれない。窓から見える夜景も、香港中心街の高層ビル乱立とは違い遠くまで見渡すことができ、窓際に腰かけて缶ビールを楽しんだ。

上：ザ・ヴェネチアン・マカオ・リゾートホテルのスイートルーム／中：１階レストラン入口の広いエントランス／下：まるで美術館のような壁画や彫刻の数々

■宿泊ホテル（マカオ）

ザ・ヴェネチアン・マカオ・リゾートホテル　　スーパーデラックスクラス

「ザ・ヴェネチアン・マカオに泊まる香港・マカオ４日間」という名のツアーだけに、満足度が低いわけがない。コタイ地区の中心ともいえるメガトン級のホテルで、97万㎡の敷地内に運河が流れ、世界最大級のカジノを併設する。全3000室スイートルーム、35店舗以上のレストラン、1000席のフードコート、350店舗を超えるブランドショップなど、ホテル内で迷子になるほど広大で１日中楽しめる。意外だったのは、カジノエリアを通る際にボディチェックがないこと。普段着で気軽に行けて、これはホテル全体にもいえることだが、ゴージャスでも堅苦しさがなくリラックスできる。あまり構えず、オープンな気持ちで参加しましょう。

No.
90 シンフォニー・オブ・ライツとヴィクトリア・ピーク

シンフォニー・オブ・ライツは2003年より香港政府観光局が開催しているイベントで、
毎晩８時から13分間、ヴィクトリア・ハーバーの夜景をレーザーが彩る。
「世界最大の光と音のショー」としてギネス世界記録に認定されている。
香港島で一番高い山、ヴィクトリア・ピークから見下ろす夜景もまた格別。
ピーク・トラムで急勾配を一気に駆け上り、山頂の展望台から眺めることができる。

上：ベイサイド近くの鉄柵にもたれて撮影した。三脚を立てた場所取りのカメラマンや観光客の波に負けそうだ／右：ヴィクトリア・ピーク中腹の展望所からの夜景。山頂からの夜景はさらに素晴らしい

香港

No.
91 1881ヘリテージ

1881年から建築が開始されたのが名の由来。
1996年まで香港水上警察署として使用されていた。
コロニアル建築が美しく、2009年、外観はそのままにホテル、レストラン、
ブランドショップがオープン、九龍観光の目玉となっている。

No.
92 アヴェニュー・オブ・スターズ

香港という名を世界に轟かせたのは、いわずと知れた香港映画界のスターたち。
その功績を讃え、ビクトリア・ハーバーを一望できる海岸沿いに
スターや監督の手形やサインプレートが埋め込まれ、散歩コースとなっている。
また、ここからシンフォニー・オブ・ライツを観賞することもできる。

左：ハリウッドスター、ジェット・リーの手形を発見。ジャッキー・チェンやトニー・レオンなど今をときめくスターが勢揃い／右：一番人気はやはりスーパースター、ブルース・リーの銅像。香港スターの元祖、神のような存在だ

オープントップバスとトラム

No. 93

左：頭上ぎりぎりで通り過ぎるネイザンロードの看板／右：トラム（路面電車）もバスに負けずにたくさん走っている。乗るんだったらやっぱり２階へ！

ダブルデッカーと呼ばれる２階建てバスや電車は、
香港の街を印象付ける人気の交通機関。
中でもオープントップバスは、
有名なネイザンロード周辺の突き出た看板ぎりぎりを走り、
ジャッキー・チェンの映画のようなスリル感を存分に味わえる。
東洋の真珠と呼ばれる香港の夜景を、高い目線で、風を感じながらすり抜けよう。

右上：オープントップバスに乗って日本語解説の独特の名調子を聞いてみよう／右下：２階建てバスの車体広告は、どれもがユニークで面白い

No.
94 摩天楼と女人街

香港の高層ビル群を撮りたかったら
超広角レンズを使わないと収まらない。
多国籍の民族がひしめくネイザンロードや
女人街、男人街を歩くと
香港らしい風景がとても楽しく、
湧き上がるような活気に満ちている。

左：夕暮れに霞む「国際金融中心」。香港で第２位、世界で９番目の超高層ビル／下：高すぎる高層ビルの風景は、てっぺんまでフレームに入れるのに一苦労する

ネイザンロードの看板群。看板も上に伸びていかざるを得ない密集度

上：女人街の奥行きはとても長い。値段交渉を楽しもう／右上：ネイザンロードのショップ街／右下：ビルの中で見つけた春節の飾り物

No. 95

黄大仙《ウォンタイシン》

由緒ある寺院の後ろに高層ビル群。香港らしい光景だ

1915年に創建された、道教、仏教、儒教が習合した寺院。
すべての願いを叶えますといううたい文句で人気が高い。
春節が近い２月上旬、多くの香港市民や中国人が祈願に訪れており、
線香の煙に包まれた観光だった。

左：「この時期は、たまに線香で服の後ろが焦げるから苦手だ」とは現地ガイドの正直な感想
右：ささげものを持ち線香を手に熱心に祈る人たち

レパルス・ベイ No. 96

香港島南部にあるビーチで、
ハリウッド映画「慕情」の舞台となったことで有名。
高級住宅街が建ち並び、香港スターも住む地域で、
ビーチは海水浴場として整備されている。
海沿いのフィットネスクラブでは、
セレブな女性たちがエアロビクスで汗を流していた。

左上・左下：ビーチの奥にある中国寺院・天后廟(てんごうびょう)。香港で最も有名な道教寺院のひとつ／右下：風水を取り入れたユニークな形のマンションが建ち並ぶ

No.
97 マカオ・タワーのバンジージャンプとスカイウォーク

マカオ半島南岸に立つマカオ・タワーは高さ338m。
展望台もあるが、楽しみは
外に出られるアクティビティの充実度。
バンジージャンプは、地上233mの高さから
時速200km で落下、地上30mでリバウンドする
これ以上はない体感。
スカイウォークは、タワーの手すりがない外縁を
レール付きロープで守られながら歩く、
スリル満点の絶景散歩。
さらには、タワーの外階段を上っていく
タワークライムもある。
文字通り肌で感じる絶景鑑賞。
どれも女性の参加率が高いとか……。
筆者は遠慮しておきます。

／上左：天と地を逆に見ながら落ちていく。それにしても綺麗なフォームに感心した／上右：下を覗いたらこんな感じ！　やっぱりや～めた！／左：スカイウォークを楽しむ女性たちの向こうにグランド・リスボアが見えている

グランド・リスボア

No. 98

マカオの世界遺産めぐりをすると、視界に飛び込む奇妙なデザインの建物。
高さ260mのグランド・リスボアは2008年12月に開業した大型カジノをもつホテルだ。
1階ロビーにはカジノ王の名が付いた「スタンレー・ホーの星」という、
218.08カラットのダイヤモンドが燦然と輝き、客室数は400を超える。
マカオ国際空港から15分、フェリーターミナルから5分という好アクセス。
夜間のライトアップの派手さは、マカオ一と言える凄まじさ。
現地ガイドに頼んでロケーションがいい場所に案内してもらった。

上：聖ポール天主堂跡前の階段からマカオを一望。向こうに目立つグランド・リスボアは、まるでランドマーク／右：真横に銀行とは！　勝って預金、負けて融資、この節操のなさがマカオの魅力なのかな？　なんて勝手に想像してしまう

No.
99 マカオ歴史地区

世界文化遺産

マカオは450年以上もの間、中国が西洋文化を受け入れる窓口の役割を果たしてきた。
マカオ歴史地区には多くの歴史的建造物が並び、
2005年に世界文化遺産に登録された。
中でも、セナド広場から聖ポール天主堂跡までの道は
歩行者天国になっていて、ゆっくり歩いても15分程度。
観光客の人口密度が高いが、
石畳の上を歩いて楽しむ抜群の散策スポット。
歩けば世界遺産という凝縮されたエリアをじっくり味わおう。

上：1602〜40年に建設されたが、1835年に火事で焼失し、正面だけが残った聖ポール天主堂跡。隣に建つ聖ポール大学跡も含めての総称となる／右：正面壁の彫刻のひとつ。マリア様がキリスト教を弾圧した徳川家康を踏みつけている、という説があるとか

左上：マカオ一美しいと評判の聖ドミニコ教会。ポルトガル建築の黄色いカラーが印象的で、周辺は観光客でいっぱいだった／右上：この何気ない壁も「旧城壁」という世界遺産。土砂、わら、牡蠣の貝殻で作られた「シュウナンボー」という独特の建材が使用されている／右下：小腹がすいたら、ここでマカオ名物エッグタルトをいただこう！／下：聖ドミニコ教会の内部は自由に見学できる

上：春節前の聖ポール天主堂跡からセナド広場への通りは人がいっぱい／中左：波柄の敷石が美しいセナド広場。自慢の噴水は春節の飾り物で隠れていた／中右：1569年にマカオの初代司教によって建てられた慈善福祉活動施設・仁慈堂／下左：旧市街の向こうにヴェネチアン・マカオ・リゾートが見える。新旧の混在がマカオの魅力ともいえる／下右：お祭りムード満点のセナド地区

コタイ地区の巨大リゾート　No. 100

ザ・ヴェネチアン・マカオ・リゾートホテルのフロントから館内に向かう通路。すべてが豪華絢爛

コタイとはタイパ島とコロアン島の間の海を埋め立てた地区。
2000年以降、ここで、ラスベガスをモデルにした
一大エンターテインメント・リゾート計画が進み、
大型カジノをもつ超一流ホテルが次々にオープンしている。
2007年にザ・ヴェネチアン・マカオ・リゾートホテル、
2009年にシティ・オブ・ドリームズ、2011年にギャラクシー・マカオ、
さらに2012年、サンズ・コタイ・セントラルに３つの巨大ホテルが誕生した。
昼は歴史地区の世界遺産を見学し、
夜はコタイで眠らぬナイトライフを楽しむプランが定着しつつあるようだ。

サンズ・コタイ・セントラルの巨大なホテル棟。コンラッド、ホリディ・イン、シェラトンと超一流ばかり

ザ・ヴェネチアン・マカオ・リゾートホテル　上：超豪華な天井、L１階はカジノ、そしてL３階までが330店舗のブランドショップ／1全室スイート。宿泊した部屋も広かった／2ホテル内には運河が流れ、ゴンドラに乗ると船頭さんがカンツォーネを歌ってくれる／3世界各国の料理が楽しめるフードコートは何と1000席もある／4ヴェネチアン全景／56春節に向けてのライトアップも始まり、お祭りムード満点

1

2

3

4

5

6

シティ・オブ・ドリームズ　上：クラウン・タワーズとハードロック・ホテル・マカオ／1ハードロック・ホテル・マカオのロゴ入りリムジン／2専用シアターで「ハウス・オブ・ダンシング・ウォーター」が開催されている／3シティ・オブ・ドリームズへの通路入口／4終了した「ドラゴンズトレジャー」ショーの巨大なドラゴンが展示されていた／5大きなランタンが街を彩る／6ハードロック・ホテルのグッズショップ

知らないと損！
海外旅行お役立ち情報

ツアーの選び方、準備、出発から帰国まで

旅の準備

1　行先が同じ、期間も同じなのに価格が違う。なぜ？

たとえば、同じ行き先、同じ期間の旅なのに、１万円の差がある２つのコース。よく見ると、出発時間が朝と夕で異なり、夕方出発の方が安くなっている。せっかく連休を取り海外に行くのだから、できれば朝出発、夜帰宅で目いっぱい楽しみたい。しかし、空港近くに自宅がある人は良いが、遠方から参加する場合、出発は午後の方が助かる。それぞれの事情に合わせて、無理のないコースに参加したい。

また、全く同じコースなのに安い価格で突然新聞広告が出る場合がある。これは突然のキャンセルなどで空席が出たためで、旅行会社も空席を埋めなくてはいけないから、苦肉の策でバーゲン価格となるわけだ。

2　海外旅行保険は入っておくべき

わずか数日の旅行だし、生命保険や傷害保険に加入しているから、海外旅行保険はいらないと言う人もいる。しかし、海外での怪我や事故、思いもよらぬトラブルは、国内で加入している一般の保険では対応できないケースが多々ある。例えば、航空機の遅れで延泊となった、旅先で盗難にあった、旅先での緊急入院で家族が駆けつける事態になったなど、海外旅行ならではのトラブルに対応できるのが海外旅行保険の強みだ。

筆者もこの保険のお陰で助かったことがある。アンコールワット観光の際、誤ってカメラを落としてしまいオートフォーカスが一部不能となった。帰国後、ダメもとで尋ねたら修理代を全額補償してくれた。まさに備えあれば憂いなし。保険は怪我や病気だけのものではないということを身をもって知った。

3　薬は幅広く持参しよう

鎮痛剤、胃薬、下痢止め、風邪薬、のど飴、乳液、湿布、絆創膏、女性は生理用品……これくらいは持参しよう。海外で薬を調達しようと思ってもまず困難だ。また虫刺されの薬、防虫スプレーなどの予防対策も万全で行きたいものだ。

4　携帯ウォシュレットはあると便利

アジア旅に難色を示す、特に女性の意見としてトイレ事情がある。日本のトイレは世界一美しい。また、日本で当たり前のように普及しているウォシュレットは、アジアに限らず諸外国にはほとんどない。

筆者は、必ず携帯ウォシュレットを持参する。折り畳み傘程度のサイズで収納できるもので、とても便利だ。ただし、スーツケースの中に入れるべき。一度、手荷物のバッグに入れて機内に乗り込んだら、乗り換えの空港で係員に「何だこれは!?」と突っ込まれ、説明するのに苦労した。最後には苦肉のジェスチャーでわかってくれたが、男性係員が女性係員にウォシュレットを向けてふざけ合う始末！　何はともあれ、機内持ち込みはやめた方が無難です。

5　ポケットティッシュは多めに用意しよう

トイレ事情は国によって様々だ。アジアも近年綺麗になってきているが、ポケットティッシュは数多く持っていった方が無難だ。百貨店やレストランなどは整っている場合が多いが、街の公衆トイレは完璧とはいえない。マレーシアの公衆トイレは、美化のためでもあるが、使用料もティッシュも有料のところが多い。タダという感覚はもたない方がいい。

6　ジッパー付きビニール袋を数枚用意しよう

小物はジッパー付きのビニール袋に仕分けすれば、中身も見えるし散らばらない。また、液体物の容器が破損した場合にもスーツケース内が汚れず助かる。

マレーシアの朝市で蜂蜜を買ったとき、栓の閉まりが悪かったようで一部が漏れて大変だった。衣類までベタベタなんてことにならないためにも持参することを勧めます。

7 電源変換アダプターと変圧器、充電器は忘れちゃダメ！

世界各国、コンセントの形が違う。携帯やカメラの充電器だけでは、旅先で全く役に立たないということになる。こんなときに役立つのが「電源変換アダプター」。筆者は世界8種類のコンセント対応という商品を持参する。ケースに入れると小さな財布程度の大きさだが、組み合わせで様々な形に変身する。それから変圧器。今では変圧器不要の充電器が多く、かえって変圧器を通すと故障の原因になるケースもあるので、充電器の説明書きをよく確認してほしい。

8 傘とレインコート、両方持参する方がいい

特に東南アジアでは、いきなりのスコールに見舞われることがある。こんなとき、日本の傘では役に立たないことも多いのでレインコートが便利。また、激しい雨ではなくても、片手に傘だと写真も撮りにくいし、意外に邪魔なものだ。

旅の服装

9 東南アジアは寒い？　長袖は必需品

「東南アジアは年中蒸し暑い」。間違ってはいないが、百貨店などの商業施設、高速船や列車などの乗り物は省エネ無視でキンキンに冷えている場合がある。

筆者もマレーシアのパンコール島へ向かう船でこれを経験し、あまりの寒さにツアー参加者全員が船室を出てデッキで過ごすこととなった。また、暖かいイメージがあるマカオも、2月の夜景撮影のときは気温8度という記録的寒さだった。スーツケース内のたくさんのTシャツよりも、わずか1枚しか持参しなかったトレーナーを着続けた旅だった。

10 衣類はコンパクトで機能性が高いものを！

軽い、畳むと小さくなる、頑丈、撥水性が高いということで、私はアウトドアウェアの愛用者である。帰国時にはお土産でスーツケースが満タンになり重い。衣類は軽量・コンパクトに越したことはない。

11 下着は古いものを持参して毎日捨てる

そろそろ下着を買い替えよう……こんなときは古いものを捨てずにとっておこう。海外で着替える度に処分すれば、わずかでもスーツケース内に余裕が出るし、帰国後の洗濯も不要。ぜひお試しを……。

12 新しい靴はNG!

旅に向けて新しい靴を買わなくちゃ……でも、ちょっと待った！　靴は履きこなしてから旅立とう。旅先で靴擦れすると、せっかくの楽しみが半減してしまう。また、東南アジアでは急なスコールに見舞われることも多いので、撥水性が高くて疲れにくいアウトドアシューズが最適だ。

13 衣類のポケットはジッパー付きがベスト 人込みではバッグを前に持つ

人込みの多い観光地にはスリが多い。大切な財布やパスポートを身に着けるなら、まずズボンの後ろポケットはNG! 胸元の内ポケットで、ジッパー付きならなお良い。筆者が愛用するアウトドアウェアは、胸、腰、ズボンすべてにジッパーが付いており、スリに限らず落下防止にも役立つ。また、バッグは背中側ではなく前に持つ方がいい。

14 撮影目的のカメラマンさん必読！

旅の撮影

海外で写真を楽しむ愛好家は実に多い。最近では女性たちが一眼レフを手に様々な作品撮りを楽しんでいる。筆者は、アジア旅での経験から重い一眼レフはすべて手放してしまった。つまり、ミラーレス一眼レフに移行したのだ。

レンズも、交換する手間やアクシデントを考え、高倍率ズーム１本で旅することにしている。忙しく巡るツアーでベストショットを狙うには、とにかく軽い方がいい。また、人物を撮影するとき、大きな一眼レフを向けられたら誰だって

警戒心がわくだろう。ミラーレスならそんな心配もない。防塵・防滴カメラなら急なスコールでも安心だ。

また、バッテリーやSDカードは複数持参しよう。SDカードはそれぞれにナンバーを書き、使用済み、未使用が一目瞭然となるよう出発前の準備を忘れずに！

旅の買い物

15 空港は高い！　滞在先で地元スーパーに行こう

街なかだけではなく空港でも、お金持ちの日本人はいいカモらしい。お土産探しでは、地元のスーパーをぜひ探検してほしい。地元の名産品が、お土産価格ではなく地元価格で買えたり、掘り出し物を見つけたりすることも多い。また、意外な日本の商品が並んでいたりと面白い発見もあり、時間があっという間に過ぎてしまう。一度お試しあれ！

16 ナイトマーケットを楽しもう！ただし、まがい物には注意！

筆者が海外で必ず買うのが、その国ならではのマグネット。自宅の冷蔵庫には旅の想い出がびっしりとくっついている。

とあるナイトマーケットで、時計付きの面白いマグネットを見つけ買うことに。ところが、袋に入れるとき、時計部分を隠しながら入れようとしている。ちょっと見せて！と見たら、時計が外れ落ちた粗悪品だ。しかも同じことを3回もやられたものだから「ノーサンキュー」でさよならした。ここは海外という気持ちは忘れず、意思表示ははっきりしよう。

旅の心構え

17 旅先の食文化を楽しもう

フランスから帰国した人にこんな話を聞いたことがある。

「いやあ、まいったよ。うどんといなり寿司を注文したが、まずくて食えたもんじゃなかったよ」

当たり前だ。フランスに行けばフランス料理、トルコに行けばトルコ料理でしょう！　旅先でメニューを見ると、日本のビールの銘柄が、その国のビールよりも上に書かれていることがある。きっと、海外でも日本のビールじゃないと納得しないわがままおやじが多いことが理由に違いない。

わずかな旅の期間、その国ならではの名物を楽しみたいものだ。カンボジアのアンコールビールはキレもコクもあって最高だったし、タイのシンハビールやタイガービールも日本のそれに全く劣らない美味しさ。来日してお箸で寿司を食べ、日本酒を楽しむ外国人を見るにつけ、一部のわがまま日本人が情けなく思える。

18 携帯は切っておこう

海外は当然通信費も高く、電話をかける方はもちろん、かけてくる人にまで負担がかかる。昼間の観光時間帯だけでも電源を切っておく方が無難。気になる場合は夜にホテルで着信履歴を確認すればよい。

観光中、バスの中で頻繁にかかってくる電話で仕事の話ばかりする人に興ざめしたことがある。周りのことも考え、せめてマナーモードにするのは常識と思ってほしい。

19 可愛いからと子供の頭をなでちゃだめ！

日本では当たり前のようなことが、海外では問題視されるケースが多々ある。「可愛いね」と子供の頭をなでることは、特にアジア圏ではやめた方がいい。頭は精霊が宿る神聖なところで、なでると魂を抜かれるとされている国もあるそうだ。

他にもその国独自の風習などがあるので、出発前にタブー視されるようなことを予習していった方がいいだろう。

20 ツアーで冒険する

ツアーは決められたレールを走るみたいで面白みがないと言う人もいる。しかし、短期間で無駄なく効率的なスケジュールが組まれているのは強みだ。

筆者は１日の観光が終わりホテルに戻ったら、コンシェルジュにホテル近辺の情報を聞いて出かけるようにしている。特に東南アジアはナイトマーケットが盛んなので、買い物はほとんど自由時間にこのナイトマーケットで済ませることが多い。もちろん羽目を外し過ぎるのはよくないが、せっかくの海外、ホテルに缶詰めなんてもったいない！

あとがき

国内旅行で身近なものにバスツアーがあります。最近は若い人たちの参加も多く、車内は老若男女、和気あいあいでとても楽しそうです。

同じように、海外ツアーにも若い参加者が増えてきました。社員旅行で海外へという企業もあり、まるで、ツアーは「大人の修学旅行」といった感じです。

本書は、タイトルの通り海外ツアー（団体旅行）で行ける名所をご紹介しました。旅先の目線で楽しめるように、著者である私が実際にツアーに参加して撮影した写真です。幸い、天候に恵まれグッドコンディションで撮影ができたことを神に感謝です。

各国で案内してくださった現地ガイドの皆さん、現地の情報だけでなく日本の心をよく理解し接していただいたことに深く感謝します。皆さんの「日本人以上に日本人らしい日本語」に心から感服した次第です。現地の情報は現地の人に限ると改めて思いました。

さて、今回の出版を発案当初から温かく見守ってくださった海鳥社の西俊明会長、編集パートナーとして、もうこれが３度目となる田島卓さん、スタッフの皆さん、ありがとうございました。

そして旅を重ねる度に、私以上にアジアの虜になった妻ゆり香へ――まだアジアのほんの入り口、これからもエンドレスな旅を続けていきましょう。

旅は、行くほどに知るほどに無限に夢が広がるもの――百聞は“一旅”に如かず――です。

慣れない言葉でも、身振り手振りでもいい。できるだけ、現地の人たちとのコミュニケーションを楽しんでください。きっと思いが通じるはず。

私たちは日本人だけど、アジア人であり、地球人なのだから……。

平成28年２月

熊本 広志

熊本広志（くまもと・ひろし）
「地元再発見の旅」をテーマに九州各地を撮影する傍らアジア各国を巡る。著書に『九州の滝』『九州の巨樹』『発見！九州の滝』の「100の絶景」シリーズ３部作（2007～12年）、『絶景九州今すぐ行きたい100名所』（2013年、いずれも海鳥社）がある。
［ホームページ］http://zekkei.org/

絶景《ぜつけい》アジア
ツアーで行《い》ける100名所《めいしよ》

■

2016年３月15日　第１刷発行

■

著　者　熊本広志
発行者　杉本雅子
発行所　有限会社海鳥社
〒812-0023　福岡市博多区奈良屋町13番４号
電話092(272)0120　FAX092(272)0121
印刷・製本　ダイヤモンド秀巧社印刷株式会社
ISBN978-4-87415-967-5
http://www.kaichosha-f.co.jp
［定価は表紙カバーに表示］